品牌资产论

PINPAI ZICHANLUN

瞿艳平 著

本书获得湖南省社会科学成果评审委员会重点项目（项目编号：XSP18ZDI016）、湖南省社会科学基金项目（项目编号：13YBB125）资助、湖南工商大学学术专著出版资助

中国财经出版传媒集团
经济科学出版社
Economic Science Press

图书在版编目（CIP）数据

品牌资产论/瞿艳平著 .—北京：经济科学出版社，2019.12
ISBN 978-7-5218-0976-3

Ⅰ.①品… Ⅱ.①瞿… Ⅲ.①品牌-资产价值-研究 Ⅳ.①F273.2

中国版本图书馆 CIP 数据核字（2019）第 210948 号

责任编辑：王柳松
责任校对：刘　昕
责任印制：李　鹏

品牌资产论

瞿艳平　著

经济科学出版社出版、发行　新华书店经销
社址：北京市海淀区阜成路甲 28 号　邮编：100142
总编部电话：010-88191217　发行部电话：010-88191522
网址：www.esp.com.cn
电子邮箱：esp@esp.com.cn
天猫网店：经济科学出版社旗舰店
网址：http://jjkxcbs.tmall.com
北京季峰印刷有限公司印装
710×1000　16 开　11.5 印张　190000 字
2019 年 12 月第 1 版　2019 年 12 月第 1 次印刷
ISBN 978-7-5218-0976-3　定价：56.00 元
（图书出现印装问题，本社负责调换。电话：010-88191510）
（版权所有　侵权必究　打击盗版　举报热线：010-88191661
QQ：2242791300　营销中心电话：010-88191537
电子邮箱：dbts@esp.com.cn）

目录

CONTENTS

第1章　导论 ·· 1
  1.1　研究的背景 ·· 1
  1.2　研究的意义 ·· 6

第2章　品牌资产文献综述 ······························· 10
  2.1　品牌资产概念 ······································· 10
  2.2　品牌的价值及其构成 ······························· 16
  2.3　品牌资产价值评估 ·································· 18
  2.4　品牌资产价值确认与披露 ························· 24
  2.5　品牌资产与经营业绩相关性 ······················ 26

第3章　品牌资产基本理论 ······························· 30
  3.1　品牌概念的界定 ···································· 30
  3.2　品牌资产概念的界定 ······························· 47
  3.3　品牌资产价值形成理论 ···························· 52
  3.4　品牌资产价值的含义及其构成 ··················· 54
  3.5　品牌资产的结构 ···································· 58

第4章　品牌资产增长机理 ······························· 84
  4.1　品牌资产价值的增长要素 ························· 84

4.2 品牌资产价值增长要素分析方格 …………………………… 100

4.3 品牌资产增长机理分析 …………………………………… 104

第 5 章 品牌资产价值评估 ……………………………………… 114

5.1 品牌资产价值评估的意义及原则 ………………………… 114

5.2 企业视角品牌资产价值评估方法 ………………………… 117

5.3 消费者要素品牌资产价值评估方法 ……………………… 122

5.4 品牌资产价值评估方法评析 ……………………………… 126

5.5 品牌资产价值综合评估模型的构建及应用 ……………… 128

第 6 章 品牌资产增值策略 ……………………………………… 142

6.1 品牌广告优化 ……………………………………………… 142

6.2 品牌结构优化 ……………………………………………… 146

6.3 加强品牌渠道建设 ………………………………………… 151

6.4 保持品牌顾客沟通 ………………………………………… 152

6.5 持续品牌技术创新 ………………………………………… 154

6.6 加大品牌保护力度 ………………………………………… 155

6.7 品牌促销 …………………………………………………… 156

6.8 品牌质量管理 ……………………………………………… 158

6.9 品牌危机管理 ……………………………………………… 159

参考文献 ………………………………………………………… 174

第 1 章　导　　论

1.1　研究的背景

1.1.1　关于品牌概念及品牌资产概念的历史回顾

品牌是一个越来越受关注的话题，品牌战略与品牌决策已成为市场营销的核心，也是市场营销的新亮点，建立科学的品牌管理系统更是营销的终极目标之一，世界已经进入了品牌时代。2003 年 9 月 5 日，美国《商业周刊》全力推出了"全球最有价值的 100 位品牌"。在排名前十位品牌中，美国占据了 8 位品牌。这种品牌排名是一个国家综合经济实力的证明。

品牌资产是美国在 20 世纪下半叶出现的概念，这一概念的出现有着深刻的历史背景。要更好地理解这一概念，先需要回顾品牌发展的历史，尤其是西方国家在品牌方面的研究，从而了解品牌发展的潜在规律。

作为商标前身的商品标记，在西方起源于西班牙的游牧部落，他们在拥有的牲畜身上打上独特的烙印，以便在交换时与他人的牲畜相区别，英文中牌号一词"brand"就是烙印的意思。随着商品经济的发展，牌号也不断得到完善与发展，其作用也越来越明显，产品牌号与生产者牌号逐步分离。真正意义上牌号的出现是随着行铺的出现而产生的，行铺的工匠们操办手工作坊并招收学徒，此时商品标记趋于复杂化，产品除了打上制造者的姓名外，有的还用行铺、作坊名称作为标记。从中世纪开始，西方出现了以管制为目的的警察标记和责任标记。其中，有同行会（guild）的标记，有手工业者和商人的个人标记。这些标记主要起区别与识别的作用。

商标在西方出现于18世纪末、19世纪初欧洲工业革命以后，是商品经济的产物。商品经济的发展开创了工业化的新时代，产品增加，竞争加剧，生产经营者纷纷打出自己的牌号，牌号进一步商标化、法律化，成为争夺市场、打击竞争对手的重要工具。许多经营者开始宣传自己的牌号，刺激消费者购买。这一时期，由于仿造牌号与假冒牌号的出现，为对牌号进行法律保护，各国纷纷出台了商标法。世界上最早的商标法是法国制定的《关于工厂制造场和作坊的法律》，但是该法律不是全国统一的法律。全国统一的法律形成于1857年，即1857年法国制定的《关于以使用原则和不审查原则为内容的制造标记和商标的法律》。随后，英国、德国、美国、日本都建立了本国的商标法，这标志着商标的产生以及成熟。自此，品牌运作有了法律依据和法律保护，从而使品牌发展变得日益规范、有序。

19世纪末20世纪初，西方国家的生产力发生了根本性的变化，电力的出现使电动机代替了人工操作和蒸汽机作业，高效率机器的普遍采用使企业规模得到不断扩大，西方国家企业界掀起了合并热潮。企业规模的扩大，生产能力的提高，使卖方市场走向买方市场，商品竞争走向白热化。尤其是社会财富日益富足，消费能力急速增长，人们对产品质量的要求越来越高，对品牌的选择变成一种精神、信心的需求。由此，品牌作为强有力竞争手段的作用突显。

科技革命的推动，企业规模的扩大以及市场竞争的压力，使得大批世界品牌诞生于这一时期。1908年，亨利·福特（Henry Ford）推出了福特T型汽车；1898年，伊士曼（Eastman）发明了小巧简便的照相机，并定名为"柯达"相机，1901年，伊士曼公司（Eastman Company）正式改名为伊士曼柯达公司；1916年，美国人威廉·波音（William Boeing）与韦斯特·维尔特（Wester wilt）创办了太平洋航空公司，1917年改名为波音公司。

二战之后，随着生产力水平的不断提高，资本主义逐渐由自由竞争阶段向垄断阶段过渡。由于信息革命，社会大环境的剧变，电子计算机的出现等一系列带有裂变性的发展，市场竞争到了一个全新阶段。人们的消费开始出现高档化、多样化的特点，产品也呈现出系列化和不断更新的趋势，市场竞争趋于白热化，品牌问题愈益得到重视。

进入 20 世纪 80 年代，西方国家尤其是美国掀起了又一轮企业并购高潮。在这次并购高潮中，人们发现企业的并购价格与其净资产评估净值总有较大差距，而且，并购企业的主要目的是获取被并购企业产品的品牌。

当我们步入超市，看到同种产品、不同品牌间的价格差异以及销量差异，并将其换算为利润差距时，我们就会发现品牌的财务价值。1987 年，品牌资产概念诞生了，品牌资产成为一个法律概念，品牌被赋予了更广泛的意义，越来越多的公司将品牌价值正式入账。品牌资产这一概念极大地影响了西方商业社会。

我们目睹了品牌快速地发展，但是，也看到品牌需要精心管理。拥有一个强势品牌并不说明拥有未来销售量和现金流的绝对保证。于是，品牌资产的概念出现了，对品牌资产的研究成为品牌管理的一个核心内容。

1.1.2 品牌资产管理在中国的发展

随着全球一体化进程的快速推进，进入 21 世纪的中国企业面临的一个紧迫问题是如何建立和发展企业的品牌资产。未来的市场营销是跨越国界的、无形的品牌资产的竞争。拥有了品牌资产，就等于拥有了竞争的资本。无论是企业界，还是投资者都已一致公认，品牌是公司最珍贵的资产。

改革开放以来，中国的市场格局大致经历了三个阶段：第一阶段，是卖方市场，各种产品供不应求，企业对产品质量重视不够，厂商只有生产观念而没有营销观念；第二阶段，是卖方市场向买方市场转化阶段，企业的产品质量有所提升，但产品同质化严重，无效需求过剩，有效需求不足，企业开始注重营销的功能。竞争逐渐激烈，引发了恶性的广告战、价格战。同时，市场上出现大量假冒伪劣产品，一些企业缺乏诚信；第三阶段，是买方市场，竞争趋于理性，企业开始探求消费者真正的需求，运用定位的理论定位于不同的目标市场，进入市场的各个层面，市场不断细分化。对应于中国市场发展的三个阶段，中国企业的品牌资产实践也可以分为三个阶段，初级阶段、中级阶段和高级阶段。

中国企业的品牌资产实践的初级阶段也是中国品牌营销思想的萌芽阶段，大部分企业没有营销观念，这一阶段品牌只是产品的附属品，产品质量和产品性能才是企业领先的核心。海尔就是因为在这一阶段就注重产品质量，为后来的发展打下了坚实的基础。

　　在中国企业的品牌资产实践的中级阶段，企业仍然是以推销为导向，企业的重心在于如何快速扩大规模，取得规模经济。品牌仅仅是产品的代名词，营销的主要任务就是促使消费者对其所提供的产品产生认知和认同。认知的目的就是让消费者记住商标名称及提供什么产品、质量如何以及产品有何优势和特点。认同就是设法让消费者相信某个产品的价值。工业性营销的任务就是让消费者对其产品感到放心，他们之所以购买品牌企业产品，主要是为了降低消费风险。所以，在工业营销阶段企业形象（corporate identity，CI）式的品牌战略发挥了很大的营销效力。我国第一代品牌企业经营者大多是做产品出身的，因此，对工业式的、以产品为中心的思维模式和营销技巧还是比较容易把握的。本土企业即使把握得不够准确，但是不妨碍快速成长，因为当时的市场竞争主要是本土企业之间的竞争。外来品牌的质量、性能即使超过本土企业，但由于某些重要资源、市场机制、对市场的了解和成本等方面都处于劣势，所以，只能占据份额较小的高端市场，对中、低端市场无能为力。

　　到了中国企业的品牌资产实践的高级阶段，品牌大繁荣的盛况迅速消失，大量知名品牌快速凋落，直至现在，生存下来的大部分大品牌还处于亏损的边缘。在工业性营销后期，由于市场环境的变化，处于领先地位的企业对下一阶段的非工业和产品营销认识不足并缺乏有效理论的指导，造成了停滞不前的现象。这就给实力较弱的品牌提供了赶超的时间和机会。当越来越多的品牌实力和市场地位相差无几时，由于整个行业停滞不前，价格战也就成为唯一可选择的、最容易操作的竞争方式了。恶性价格战的最后结果就是，大批在资金上无法得到支持的品牌退出市场，而勉强生存下来的品牌也大伤元气，后继发展能力严重不足，最终没有真正意义上的胜利者。品牌营销在20世纪90年代末才被一些家电企业所重视，这时品牌真正开始登上历史舞台。品牌营销分为两个层次，物理价值层和精神价值层。国内有的知名企业就是较早采用物理价值层品牌形象战略而取得了巨大成功。但是，由于物理价值层品牌诉求主要挖掘产品给消费者带来的物理价值感受，这种定位很容易被竞争对手模仿。越来越多的企业采用这种定位后，企业间的品牌形象容易造成近似和重复，这种定位层次就难以奏效了。因此，精神价值层品牌营销应运而生。但是，一些本土企业不仅在理念上还没有真正认识到精神品牌的全部内涵，在方法上更缺乏有效的理论指导。目前，企业对消费者精神需求的规律掌握太少，表现如时尚、愉悦、地位等少数价值诉求的品牌形象非常泛滥。

中国市场的竞争已经进入了品牌竞争阶段，尽管各个企业的实力、规模不一致，对品牌理论的认识程度、理解程度不同，它们都或主动或被动地加入这股洪流之中。这是目前国内外市场环境的要求。具体而言，可以从以下几个角度来看。

从企业角度来看，经过了改革开放40多年的发展，中国企业的技术、资金、人才实力逐步加强，对于市场运作规律的理解也逐步加深，一部分企业已经具备了一定的实力，企业经营模式也逐渐从粗放型的规模扩张转向集约型的精深发展。在中国某些企业的品牌资产实践初期企业品牌意识薄弱，只求销量增长，最后只有自食恶果。在这40多年中，我们看到一些企业短期内规模迅速扩大，一时间享誉全国，然而几年之间又土崩瓦解。究其原因，是它们对销量的渴求而导致的对品牌经营的错误理解，认为打响了品牌知名度就算做好了品牌。这些企业没有认识到品牌经营需要一个系统的、长远的规划，它融创新与控制于一体。失败的例子使中国企业看到，随着市场粗放的规模扩张模式已经不能适应市场竞争的要求，仅仅注重品牌知名度的品牌经营方式不可能支持持久的强势品牌。由此，中国企业才走上真正的品牌经营之路，即集约型的精深发展模式。随着中国企业规模的扩大，企业的发展遇到"瓶颈"，那种以一个产品、一个销售主张救活一个企业的时代一去不复返，企业进一步发展需要一个完整的规划，品牌战略将成为战略规划的核心部分，品牌战略是中国企业新一轮发展的发动机。

从消费者角度来看，随着中国社会从短缺经济向过剩经济、从卖方经济向买方经济的转变，人们的消费观念也从一般产品消费转向品牌消费。追求时尚、追求舒适、展现个性、发展自我，逐渐成为人们尤其是年轻一代的愿望和需求。人们的消费观念已从单纯重视商品的物质性需求及追求商品的物质性效用，转向注重商品对审美和精神需求的满足，商品提供给人们的，已经不仅是满足生理需要，还能满足心理需求，可以使消费者产生共鸣，找到感情的寄托、心灵的归宿。这意味着，如果企业现在仅仅重视产品的价格和功能性价值，已经不符合消费者的购物心态，企业应该在提供产品实用价值之外,给消费者更多的感性附加价值。而品牌正是这种感性附加价值的载体,打造超越产品层面的、具备独特价值和魅力的品牌,是目前中国企业面临的主要问题。

从竞争角度来看,随着科学技术的发展和市场竞争的日益激烈,同类产品的性能接近,消费者对它们进行性能上的区分意义越来越小。虽然有的产品可能因为拥有先进的使用性能而风靡一时,但是这种优势往往十分短暂,在超额利润的驱动下,竞争者纷纷加入竞争行列,同类产品竞相投放市场。而且,随着技术、人才等要素的流动,同类产品的物质差异性越来越小。市场竞争表现为产品竞争的一个重要前提是,同类产品之间存在消费者可识别的差异性。当企业间的竞争在技术、质量、成本等因素上费尽心机而收效甚微时,品牌竞争便成为企业之间竞争的主要手段。而且,国内品牌的竞争对手已经不仅是实力不相上下的国内品牌,还有实力雄厚、经验丰富的国际品牌。

随着自身实力增强,消费者消费观念的改变,竞争强度加大,传统的竞争手段已不能满足市场的新形势,品牌竞争战略是中国市场发展到现阶段的必然产物。品牌是企业持续发展的基石,是建立良好顾客关系的纽带,是取得竞争优势的有力武器。无论企业规模大小、实力强弱,都应该认识到品牌对于企业的重要性,都应该探求适合企业自身的品牌发展模式。对于大企业而言,品牌已经得以建立,重要的是保持品牌的持久活力,建立标准化程序维护和发展品牌,稳而快是其准则。而对中小企业的品牌来说,灵活性则尤为重要。小企业与大企业同场较量,无疑势单力薄。但小有小的好处,"船小好调头",具备灵活性,同样可以在竞争中走出自己的路。如在定位上的游击战策略、出奇制胜宣传方式等方面,小企业常常能出奇制胜。

1.2 研究的意义

1.2.1 本书对现阶段中国企业品牌营销的实践有指导意义

中国企业的品牌建设与国外企业的品牌建设相比还有相当差距,众多企业的品牌资产还处于积累初期，目前，企业已经具有品牌意识，但是无具体的、科学的操作手段，品牌的推广和建立还处于摸索、学习阶段。特别是面临市场竞争时，更多的企业往往以短期价格促销来解决市场问题，以牺牲企业长期利益来换取眼前利益，无形中在毁灭已经建立起来的品牌基础。

目前，中国企业在品牌经营的某些观念上仍然存在误区。

第一，就是为了做品牌而做品牌。

企业往往花大力气按照市场调研、品牌定位、品牌概念、品牌形象、品牌个性、整合传播流程从形式上建立品牌，对如何利用品牌实现企业的效益增值、如何维持品牌长久活力认识却不足。有些企业对于品牌的理解趋于表面化，认为企业建立了品牌就等于建立了优势，品牌创建流于形式，将重点放在品牌的外在表现，而忽略了对品牌的内部管理，如品质、组织、人员、客户等，甚至忽略企业生存的基础——产品，最终造成品牌的萎缩。

第二，过分依赖传播的外在表现。

目前中国的品牌建设大多建立在传播的基础上，认为建立品牌就需要动辄上千万元的媒体宣传费用，殊不知品牌忠诚度不是仅仅靠传播就能建立起来的，现实中在传播上投入很大却失败的案例并不少。正是因为需要大量资金投入，使得一些小企业对品牌望而却步。但是，如果没有品牌建设，小品牌永远成不了大品牌，小企业永远成不了大企业。品牌的长期建设确实需要投入大量资金，但这并不意味着短期就没有效益，小企业完全可以在发展过程中通过抓住品牌建设的核心来获得销售增值，如品牌忠诚度的培养。

第三，缺乏品牌经营的系统观念。

品牌是企业营销系统的一部分，更是企业战略系统的一部分。很多企业没有将品牌放在整个营销过程中考虑，很多时候企业的品牌策略和企业的战略目标相矛盾，使得品牌计划不具备操作性。企业很少将其所有产品的品牌作为一个系统考虑，考察自身品牌所处的地位以及市场形势，进而从整体上把握产业发展趋势。

这些问题是中国大多数企业存在的问题，这些错误的观念不及时更正必将影响中国品牌的发展。这些问题是本书写作的现实出发点，也是本书要着力解决的问题。

1.2.2 本书力图在品牌资产理论研究领域有所创新，弥补现存品牌资产研究领域的不足

本书对品牌资产的研究具有如下三个主要特点。

一是用动态的眼光看待品牌资产，品牌资产不仅是结果而且是过程。品牌经营过程存在时滞概念，即品牌目前的成功归因于过去的品牌经营决策与努力，而品牌未来的成功根植于目前的品牌经营决策与努力，品牌经营决策与品牌经营成果之间存在时间差异。随着信息化、全球化两大潮流的推动，企业面临的环境变化有加剧的趋势，导致品牌成功的经营决策所依赖的环境基础发生了动摇，迫使企业用动态的眼光看待品牌资产。迷恋于品牌现有的成功会步入品牌衰退陷阱，维护与保持品牌的青春成为取得品牌长久成功的关键。在动态环境下，品牌经营者迫切需要了解的问题是品牌资产动态发展由哪些关键要素构成？它们之间的作用机理是什么？企业如何通过利用与把握这些要素与作用机理将品牌导入正面的动态循环过程？现有的品牌资产理论研究成果大多侧重于对品牌资产的静态构成要素进行研究，对动态构成要素虽有不同程度的涉及，但缺乏系统性。

二是创新性地定义了品牌资产，挖掘出品牌资产更深刻的内涵。现有的品牌资产理论研究成果大多以静态的观点看待品牌资产，缺乏全面的思维与眼光。如凯勒和艾克（Keller and Aaker）提出的基于消费者的品牌资产模型，虽然在品牌与消费者关系上有深刻见解，但这一模型对品牌资产动态演进过程的阐释具有明显的局限性。本书认为，品牌资产的内涵不仅要从消费者的角度以品牌的市场价值进行反映，而且要从更深层次品牌经营的动态核心能力进行反映。在此，我们更强调品牌资产价值的持续性，这是因为具有较高资产价值的品牌不仅要在当前市场上建立市场地位，还要在长期品牌竞争中不断适应外部环境的变化，持续地保持独特的品牌竞争优势。品牌资产不仅是消费者对现有品牌属性的直接反应，而且，在更深层次是品牌资产经营能力的切实反应。只有品牌经营者具备品牌经营能力，才能保证品牌资产的持久性。本书根据上述观点挖掘出品牌资产价值增长的两个关键要素——显性品牌资产与隐性品牌资产。

三是创新性地发展了品牌资产价值理论。品牌资产是无形资产的重要内容。目前,对品牌资产价值的研究尚处于探索阶段,没有形成一个比较系统的理论体系。该领域的研究,主要集中在品牌创建、品牌营销、品牌战略管理方面,并且相关问题的研究比较分散和零碎,缺乏系统性,研究内容还局限在经验总结和案例(知名企业实践经验描述)分析层面上。例如,品牌资产价值评估、品牌资产价值确认与披露、品牌资产价值对企业经营业绩的影响等问题在理论上没有得到足够重视,这显然与品牌资产在企业资产中所处的地位不相符,也不利于企业发展。因而,有必要对品牌资产价值理论进行系统分析,这有利于企业的竞争发展。

第2章 品牌资产文献综述

2.1 品牌资产概念

2.1.1 中外文文献综述

2.1.1.1 财务视角

邦纳和纳尔逊（Bonner and Nelson，1985）最早在《产品属性与认知品质：食品》（*Product Attributes and Cognitive Quality：Food*）一文中给出了品牌资产财务视角的定义，他认为品牌资产是指依附于品牌名称可计算的商誉。斯托伯格（Stalberg，1989）从成本的角度认为，品牌资产是重置成本，例如，竞争者模仿或重置该品牌的生产成本。法科尔（1989）将品牌资产定义为与没有品牌的产品相比，品牌给产品带来的超越其使用价值的附加价值或附加利益，即一个品牌名称所赋予的增加价值。西蒙和沙利文（Simon and Sullivan，1990）根据公司未来现金流量折现的递增量来定义品牌资产，意即比较有无品牌的相同产品对未来现金流量的影响。这篇文献后来成为从财务角度进行资产评估的经典论文。这篇文献在1990年，作为一篇工作论文经典，1991年，即被著名品牌专家艾克（Aaker）引入《管理品牌资产》（*Manage Brand Equity*）一书，1993年，该论文正式发表在冬季刊的《营销科学》（*Marketing Science*）（市场营销学）上。西蒙和沙利文（1993）将品牌资产定义为一项具有品牌名称的产品，相对于同一项没有品牌名称的产品其所能产生现金流量的贴现值；J.沃克·史密斯（J. Walker Smith，1991）将品牌资产定义为凭借成功的计划和活动，产品和服务的交易所带来的可度量的财务价值。

中文文献对品牌资产概念存在不同理解，主要分歧在于品牌权益是否就是品牌资产。范秀成（2000）最早将"brand equity"译为品牌权益，品牌权益是指，企业以往在品牌方面所作的营销努力而产生的产品或服务的附加价值。这主要是从财务会计角度考虑。对企业来说，品牌权益可细分为财务权益、顾客权益和延伸权益三部分。品牌的财务权益反映在使用某品牌的现有业务领域中，品牌创造的价值。品牌的顾客权益表示，现有品牌对于顾客心理及行为的影响。品牌的延伸权益表示，扩展品牌使用范围给企业带来的潜在收益。卢泰宏（2000）则将"brand equity"翻译为品牌资产。他认为，这体现了品牌的财务价值；体现了品牌是会成长、增值的；强调了品牌管理者的责任，有效地管理好品牌即处理好品牌与消费者的关系才能使品牌增值。卢泰宏（2000）分析了品牌资产最具代表性的 3 种概念模型：财务会计概念模型、基于市场品牌力的概念模型及基于消费者的概念模型，并提出了基于"品牌价值"的品牌资产概念，进一步为解决品牌资产评估的方法奠定了基础。黄家涛（2008）对品牌资产和品牌权益的概念及其关系加以阐述，指出品牌资产是一个会计学上的概念，它表示一种资产。会计学把企业的资产分为无形资产和有形资产，而品牌作为企业一种最重要的无形资产已经成为共识。品牌权益是一个更加综合性的概念，既包含了品牌资产的财务特性，又包含了其本身所具有的营销特征。

2.1.1.2 市场视角

陶伯（1998）认为，品牌资产来源于品牌所达成的市场定位，是超过其实体资产价值的附加价值。有公司愿意花费高额的溢价购买品牌，可能的原因是不断有新竞争者进入市场，而厂商为保有其市场占有率及获利率，有时必须购买品牌或延伸自有品牌。马伦和美因茨（Mullen and Mainz, 1989）从竞争的视角来看品牌资产，他们认为品牌资产是和一般竞争者比较所产生的价格溢价。卡玛库勒和拉塞尔（Kamakule and Russell, 1990）认为，品牌资产是品牌延伸的增量效用，而非功能属性所创造的。戴森、法尔和霍利斯（Dyson, Fire and Hollis, 1996）依据消费者购买商品的重复率，将消费者区分为忠诚消费者、经常购买者、以价格为购买条件的购买者三类，分别计算其市场占有率，当作各类消费者的权数,乘以对不同品牌的购买意愿,得到各品牌的消费者价值,再除以市场上所有品牌的消费者价值加总,可估算出品牌的市场占有率,并与实际市场占有率相对照,即为品牌资产。艾尔丹姆·T.和斯威特·J.(Erdem T. and Sweet J., 1998)认为,品牌资产是品牌作为产品定位可靠信号的价值;温特斯(Winters, 1991)将品牌资产与增值联系起来,并且建议品牌资产与由于消费者对特定品牌名字的联想而带来的价值增值相关联。

刘尔奎(1997)分析了企业商号的商誉价值和品牌价值,提出品牌价值就是商标的价值。张传忠(2002)认为,品牌资产能够给顾客和企业带来不同于产品的特别价值和利益。

2.1.1.3 消费者视角

金姆(Kim, 1990)认为,品牌资产是指,品牌唤起消费者思考、感受、知觉、联想的特殊组合,此组合会产生市场购买影响力。凯勒发表在1993年第1期《市场营销》杂志上的《概念化、测算与管理基于消费者角度的品牌资产》(*Conceptualizing, Measuring and Managing Customer-based Brand Equity*)一文成为这个领域的经典代表作。金姆(1990)从消费者观点来定义品牌资产,提出营销活动会产生不同的品牌效果,反映出消费者品牌知识的差异性。品牌资产的目的在于改善营销能力,在高成本、竞争激烈、需求减少的情况下,厂商如何增加营销费用的效率,最终就是必须了解消费者行为,以便对目标市场和产品定位有更佳的策略抉择。巴威茨(Bwitz, 1993)认为,品牌是服务性资产,必须得到高级主管和财务主管的认可。而该财务价值依赖于消费者形成的品牌强度,顾客专属可通过产品品质和广告投资来加强。

帕克和斯里尼瓦森(Parker and Strnivasen, 1994)将品牌资产定义为,消费者对某一品牌的整体偏好与多重属性客观评估加总的差异。拉瑟、米塔尔和沙玛(Ruther, Mittal and Sharma, 1995)定义品牌资产为品牌名称附加在产品上,消费者所增加的认知效用与好处,并提出品牌资产是增加企业财务利益的驱动力。拉瑟、米塔尔和沙玛(1995)根据凯勒(1993)对品牌资产的定义,认为品牌资产是指消费者的认知,而不是一些具体的指标;品牌资产是对品牌整体的价值联想;品牌的整体价值主要源自品牌名称,而不仅来自品牌的实体部分或者功能性部分;品牌资产并非绝对,而是与其竞争对手相对比较的;品牌绩效对于财务绩效有正面影响。

法尔德维克(Valdwijk,1996)认为,可由品牌价值(把品牌总价值视为一个独立的资产)、品牌强度(消费者对于品牌的感受有多强)、品牌描述(消费者对品牌所产生的联想及信念描述)来建立品牌资产。泽伊内普和杜雷让(Zeynep and Durejan,1998)认为,当一个品牌在消费者心目中具有强烈的正向联想,而创造了品牌忠诚度时,则称其品牌具有品牌资产。理查德·G. 奈特米娅(Richard G. Knightmia,2004)将品牌资产定义为,顾客愿意为自己所偏爱的品牌支付超过商品本身价格的额外费用,而顾客这种对品牌的偏爱是因为顾客对产品的钟爱。艾克等(Aaker et al.,2001)提出,品牌通过提高解释信息的过程、增强决策的信息和使用的满意度来提升品牌价值,同时,企业也通过提高营销活动的效率和效果、品牌忠诚度、价格和利润、品牌延伸、贸易杠杆和拥有竞争优势来提高品牌价值,并且这种观点认为品牌不仅为顾客带来价值,也为企业带来价值。美国品牌资产委员会将品牌资产定义为,具有资产的品牌提供给消费者"一种自我拥有的、可以信赖的、相关的、独特的"承诺。

符国群(1999)将"brand equity"翻译为商标资产,主要是当时业内对品牌资产的翻译没有形成统一的认识,他认为商标资产通过吸引和感动消费者给企业带来附加利益,实质上是反映商标与顾客(含潜在顾客)的长期关系,并认为品牌资产是附加于品牌之上,能够在未来为企业带来额外收益的顾客关系。

于春玲和赵平(2003)认为,将"brand equity"翻译为品牌权益更贴切,指出西方提出 brand equity 的目的是借用财务中的"资产"来定义品牌,区别于其他通过市场交换方式可以获得的资产,强调品牌资产是依靠企业长期营销努力自创出来的特性,指出无论如何理解和翻译都不能脱离 brand equity 本源,指出人们为了探究品牌权益为何存在价值,以及应该从哪些方面来管理品牌资产。品牌权益是品牌资产的内涵,认为品牌权益是消费者对企业营销活动在认识、情感、行为意向、行为方面的差异化反映。

张传忠(2002)认为,品牌资产能够为顾客和企业带来不同于一般产品的特别价值或特别利益。黄合水和彭耽龄(2002)从人类认知的角度对品牌资产进行定义,认为品牌资产是在品牌名称的基础上,经过营销活动和消费者产品购买、使用经验的共同作用形成的。

2.1.1.4 综合视角

美国营销科学学会(Marketing Science Institution,1988)将品牌资产定义为品牌资产是品牌联想的集合,而且是该品牌的消费者、渠道成员及母公司产生的一组联想和行为,可使该品牌比没有品牌时获取更大的销售量或销售利润,品牌资产可给予这个品牌比竞争者强而持久的差异化优势。从上面可以看出,此定义中隐含品牌资产所包括的三项内容:一是知觉的或情感的,例如,差异化的印象、品牌形象优势;二是行为层面的,例如,支付更多金钱的意愿,不愿转换品牌和品牌的占有率;三是财务方面的,例如,收入的稳定性高于平均价格的利润,广告或促销减少后销售量的微幅下跌。

肖克和威茨(Shock and Wicz,1988)认为,品牌资产可从厂商、渠道、消费者三方面出发。从厂商角度出发,着重公司内的资产管理,认为品牌资产是由于产品品牌名称而产生的现金流量的增加。而这个增量来自市场占有率增加、产品的价格溢价或营销支出的减少等。从渠道角度出发,着重品牌杠杆效应,认为品牌资产的价值在于更容易进入市场或具有更好的交易条件。从消费者角度出发,着重市场管理。所以,品牌资产具有以下三方面含义:一是品牌资产是无法由属性来评估和解释的效用;二是品牌资产可提供竞争者的进入障碍与持久的竞争优势;三是品牌资产是一种差异化、明确的形象,超越对产品本身的偏好。

法奎汉(Farguhar,1990)对肖克和威茨(1988)的看法提出补充说明。法奎汉认为,品牌资产即是品牌赋予实体产品的附加价值,其表现为厂商观点、渠道观点及消费者观点。厂商观点是品牌资产可来自品牌对产品所产生的联想及增加的现金流量,而增加的现金流量来自溢价定价及营销费用的降低。渠道观点是品牌资产指市场各产品的品牌杠杆(brand leverage)差异度。品牌杠杆的来源,包括消费者有较高的产品接受度,可渗透较广的渠道类型,可支付较低的折扣。消费者观点为,一项产品除了自身品质及功能所保证的价值外,冠上品牌名称后,产品在消费者心中会增加(减少)额外价值。

艾克（Aaker，1991）认为，品牌资产是连接品牌、品名、符号的一种资产和负债的集合，可能增加或减少该产品或服务对公司和消费者的价值，假设品牌名称或品牌符号改变，其所连接的资产和负债也可能受到影响甚至消失，而这些资产和负债可归类为品牌忠诚度、品牌知名度、知觉品质、品牌联想、其他商标、专利资产等。

肖基等（Shokey et al.，1994）从两个视角界定品牌资产：消费者视角，即产品物质属性所不能解释的在效用、忠诚和形象上的差异；企业视角，即有品牌产品比无品牌产品能获得的超额现金流。

卢泰宏，黄胜兵和罗纪宁（2000）介绍了财务视角、市场视角、消费者视角的品牌资产概念，为国内学术界从多角度定义品牌资产含义提供了借鉴。刘国华和苏勇（2007）指出，品牌资产的概念应该是一个动态的概念，是在建设中才能取得的，因此，品牌建设过程本身也是一种品牌资产。首先，品牌资产最初来源于消费者的认可，没有消费者认可的品牌就是一种没有任何价值的品牌。其次，品牌资产必须在市场中有一定的影响力和品牌强度，能成功抵御其他竞争品牌的入侵。最后，要把这个内容反应在财务指标上，能给公司带来财务上的收入，即形成一定的品牌价值。

2.1.2 研究述评

自20世纪90年代开始，中外文文献在此方面已经进行了大量研究。本书在做文献综述时，是从财务视角、营销视角、消费者视角、综合视角，梳理了在此领域的研究历程。财务视角主要分析品牌带来的溢价、超额市场份额和销售收入，以及超额股东价值等。财务视角关心股东利益，集中于短期利益，有导致公司追求短期利益最大化的可能性；从市场和消费者视角的研究，是伴随品牌的不断扩张和成长而进行的，研究的中心转移到品牌的长远发展潜力。消费者视角认为，品牌资产的重心应是从消费者角度建立品牌的内涵，品牌资产先要对消费者有意义，如果品牌资产得不到消费者的认可，那么，品牌资产对于投资者、生产商或零售商也就没有任何意义了。从综合视角对于品牌资产概念进行研究，可以兼顾利益各方，较为全面地反映品牌资产的内涵，但该视角研究的内容刚刚起步，尚未做深入性的研究。对于上述品牌资产概念的研究,目前学术界并没有达成共识。可以看出出于不同目的,不同的视角,导致学者们对品牌资产概念有不同的理解和阐述。

2.2 品牌的价值及其构成

2.2.1 中外文文献综述

多伊尔(Doyle,1990)从产品政策的角度认为,品牌价值是长期投资以建立竞争持久优势及差异化优势的结果,认为品牌有助于消费者辨别产品,成功的品牌可以利用广告、包装、设计、渠道来创造品牌形象,让消费者对品牌产生偏好及忠诚度,增强购买机会并促使购买决策更有效率。艾克(1991)提出了品牌资产的"五星"概念模型,认为品牌资产是由"品牌知名度、品牌形象、品牌感知质量、品牌忠诚度和其他品牌专有资产"五部分组成。保罗·法尔德维克(Paul Fadewijk,1996)认为,品牌资产价值是由支撑品牌的不同属性构成的,一个品牌的各种属性都会影响其优势,衡量品牌资产价值要对三个构成成分进行研究:品牌属性、品牌优势、品牌的财务价值。艾克(1996)在其提出的品牌资产十要素模型中认为,品牌价值是"与品牌、名称和标识等相关的一系列资产或负债,可以增加或减少通过产品或服务给企业或顾客的价值",在该模型中,采用四组态度维度(品牌忠诚度、感知质量、品牌联想、品牌知名度)共八个变量,外加一个市场反应维度。凯勒(2001)提出基于顾客的品牌价值概念,认为品牌之所以对企业和经销商等有价值,是因为品牌对顾客有价值,凯勒提出品牌资产由品牌身份(brand identity)、品牌含义(brand meaning)、品牌反应(brand responses)、品牌关系(brand relationships)四个不同的层面构成。犹和丹苏(Jue and Dansu,2001)发展出多维品牌资产(multidimensional brand equity,MBE)和总体品牌资产(overall brand equity,OBE)两种量表,经过多个模型拟合度的比较,证实"品牌忠诚度、感知质量、品牌意识/品牌联想"这三个维度、共十个测项具有满意的信度和效度,并具有跨文化的普遍性。奈特米娅

(Nightmare，2004）分析了品牌资产由"感知质量（PQ）/相对于成本的感知价值（PVC）""品牌独特性""溢价支付意愿"这三个核心构面组成，其中，"PQ/PVC"和"品牌独特性"又是"品牌溢价支付意愿"的潜在直接原因。奈特米娅（2004）表明，这三个核心构面与实际的品牌购买具有相关性，但是，非核心构面（相关的品牌联想）对品牌相关的反应变量（购买意图和实际购买）并没有预测性。

中文文献较早在此方面进行研究的是夏扬（1996），他根据外文文献相关研究，分析了品牌是作为顾客评价产品的一种惯用代理物，其内在价值至少有六个层次：即：（1）产品的特点和性能；（2）产品为顾客带来的实际利益；（3）产品所反映的产品制造者和产品购买者所共同追求的价值观念；（4）文化；（5）产品所反映的购买者的个性；（6）产品所提示的使用者类型。范秀成和冷岩（2000）认为，品牌价值是品牌在消费者中的一种反映，要通过消费者对品牌的忠诚购买来体现品牌价值。张曙临（2000）提出，品牌价值的大小，主要取决于品牌的市场权力。品牌价值由成本价值、关系价值、权力价值三部分构成，品牌价值的每一构成部分都有两个来源，即企业来源与消费者来源。卫海英和王贵明（2003）从企业角度分析了品牌资产的五个构成因子：品牌地位、顾客认知价值、品牌定位、品牌创新能力和市场执行能力。

陈瑛（2005）从影响顾客忠诚的因素入手，对如何建立和维护企业顾客的忠诚度进行了分析论证，并提出具体措施。李友俊和崔明欣（2005）认为，品牌价值分为关系维度和市场维度。关系维度包括，顾客感知、顾客满意、顾客忠诚；市场维度包括，市场控制力、稳定性、支持力度、获利能力。何志毅和赵占波（2005）提出了品牌中的基本公共因子（品牌创新和品牌韧性）和特殊公共因子（品牌延伸、品牌扩张、品牌价值和品牌宣传）。黄鹰（2005）认为，品牌价值包括，建设要素、形成要素、度量因素和收益。

高阳和马京生（2006）从效用价值论角度分析，品牌价值来源于品牌带给消费者的特殊效用，是由于品牌通过满足（或损害）消费者的特殊需求（主要包括心理需求与社会需求）从而增加（或减少）了消费者获得的效用。高松（2006）分析了品牌资产价值增长是两个因素的积累。一个因素是显性品牌资产；另一个因素是隐性品牌资产。显性品牌资产主要包括，品牌认知、品牌态度、品牌形象。显性品牌资产的本质是，从消费者的角度对品牌经营成果的阶段性反映，它是品牌资产动态演进过程的结果而不是原因。隐性品牌资产的本质是，企业运营品牌的核心能力，它是驱动品牌资产演进的决定性力量与根本要素，是品牌资产动态演进过程的原因而不是结果。

杨东红和殷丹薇（2008）认为，品牌资产价值是对品牌作为一种资产以及一种权益的价值量化，是提升企业竞争力的重要手段，并运用灰色关联理论，对品牌资产价值的影响因素进行了定量分析。李福厚（2008）通过解释品牌的内涵、剖析品牌价值的构成，探讨如何打造和维系品牌。在品牌价值的基础之上，以国内几个典型的大型企业为对象，计算了品牌资产价值投资回报率。汪秀英（2009）阐述了品牌价值理论与经济学价值理论的关系，构建了品牌资产价值的关系模型和品牌资产价值形成的过程模型，由此决定了品牌资产价值的本质与关系体系。

2.2.2　研究述评

上述研究的角度主要侧重于消费者，研究人员大多借助于对企业的调查，通过相关的聚类分析、主成分分析和相关关系分析等统计分析方法，通过调查和数据的分离处理以确定品牌资产构成的诸多要素中的主体部分或核心影响因素，然后再进行相关的分析。上述研究多以理论研究为主，对于指导实践操作会有一定的难度。此外，对于企业品牌资产价值的影响因素从企业内部自身去考虑的研究较少，研究者的关注点在企业外部的市场和消费者。

2.3　品牌资产价值评估

在20世纪80年代中期，品牌引起欧美国家的公司高层管理者的特别关注。尤其是1990年前后，世界范围内并购案的接连发生，被并购品牌往往以数倍或数10倍于其有形资产的价值出售，让许多企业经营者对品牌刮目相看。自此，以西方国家为首掀起了品牌价值评估的热潮。在此，我们对品牌资产价值评估从以下四个视角展开综述：财务要素的品牌资产价值评估、财务要素和市场要素的品牌资产价值评估、消费者要素和市场要素的品牌资产价值评估、消费者要素的品牌资产价值评估。

2.3.1 中外文文献综述

2.3.1.1 财务要素品牌资产价值评估

布拉克（Braque，1991）提出了盈余乘数法，这是从一个品牌现存的价值角度出发，来衡量其品牌资产而忽略未来任何可能的变动价值，如品牌延伸、品牌授权等引起的价值变动。该品牌评价的方式可分为三个阶段：(1) 现有品牌强度评估；(2) 确定盈余乘数，由于盈余乘数与品牌强度呈现"S"形曲线关系，所以在确定品牌强度后，就可以找出其对应的盈余乘数；(3) 计算品牌价值，将上述盈余乘数乘以品牌利润，就可以算出品牌价值。

艾克（1991）曾针对品牌权益的衡量，归纳了三种财务评估方法：(1) 重置成本法，是指建立一个相同等级的品牌名称及市场所需花费的成本。假如开发1个产品需要花费100万元，成功概率为25%，则平均而言，需要花费400万元来开发四个产品以确保成功。(2) 股票价格移动法，以股票价格为基础来评估公司品牌权益的价值，这个方法开始于以股票及股权呈现的公司市场价值，减去有形资产的重置成本后，剩余的无形资产可以分为三个要素：品牌权益价值、非品牌因素的价值（研发及专利）、产业因素的价值。(3) 企业盈余法，一个最佳的品牌资产衡量可由品牌资产所产生的未来盈余折现算出，但是重点在于如何预估未来盈余。若是针对有长期计划的品牌，则其预估利润的折现值即为品牌价值；若是针对没有长期计划的品牌，则可以用现有利润再乘以盈余乘数求得，而这个盈余乘数的取得将可由历史价格盈余乘数或由相似产业的水准作为参考。

西蒙和沙利文（1993）提出，以公司股价为基础，将有形资产与无形资产相分离，再从无形资产中分离出品牌资产的股票市值法。可以利用公司财务市场价值作为基础来评价其品牌资产。检验了宏观品牌资产评估模型和微观品牌资产评估模型。宏观品牌资产评估模型通过从公司总的估价中抽取品牌产生的估价来计算品牌资产。公司总的估价来自其的股市价格，反映了市场对公司的评估。与品牌有关的估价，来自广告对市场份额的影响、进入的顺序、专利及公司的研发的市场效果。这一模型尽管从工厂角度提供了可行的品牌资产评估方法，但它并没有给出与消费行为相关的品牌资产的信息。微观品牌资产评估模型从市场结果和变量来计算品牌资产效果。微观品牌评估模型利用了营销组合和品牌估价资产作为变量。

马哈叶，让和斯塔瓦（Mahaye，Jean and Stava，1994）从财务并购的视角出发评价其品牌资产。这一模型利用支付给强势品牌的溢价，作为品牌强度（资产）价值的基础。

克雷文斯等（Cravens et al.，1999）将品牌价值评估方法分为四个类型：成本型方法、市场型方法、收入型方法和公式法，并对各种评估方法作出了评价。

品牌价值评估对中国企业发生影响，大致是从20世纪90年代开始的。最初引起国内各界对品牌注意的是由《经济日报》举行的"中国驰名商标"评选活动，之后从1995年开始北京名牌资产评估事务所每年发布一次《中国品牌价值报告》，品牌价值逐渐被国内企业所重视。[①]

陆娟（2001）在归纳、总结品牌价值评估方法的基础上指出，品牌价值评估存在"先天"的困难，无论采用什么具体的评估方法，品牌价值评估都只能相对合理而无法做到绝对准确。朱晓丹和胡晓霞（2003）从微观角度入手对品牌价值的计量方法进行了研究，在传统计量方法的基础上，提出差额改进法这一会计计量方法，并对该模型进行了实证验证。周晓东和张胜前（2004）分别对现有的五种品牌价值评估方法（成本法、股票价格法、溢价法、未来收益法、因特尔评估方法）的机理以及各自的优点与不足进行了分析，并进一步指出，在品牌价值评估中，一个主要困难是如何把品牌与其他无形资产剥离开来，认为用溢价法处理该问题比较合理。

2.3.1.2 财务要素和市场要素品牌资产价值评估

国际品牌评估集团（Interbrand Group，1990）认为，与其他资产价值

[①] 韦福祥. 品牌战略研究［M］. 兰州：甘肃文化出版社，2000.

一样,品牌价值也应该是品牌未来收益的折现,并提出著名的国际品牌评估模型来评价品牌资产。金融世界杂志(Financial World,1992)提出的评估方法认为,没有品牌的企业也可以获得5%的资本收益,减去这部分后的余额就是品牌的超额利润,其基本原理与因特尔评估方法相似。根据品牌强度来计算与品牌相关的净利,然后再指定一个倍数。

刘尔奎(1997)认为,品牌评估的要素包括市场占有率、超额利润、品牌的保护及品牌寿命、品牌趋势和市场特性及品牌国际化能力。王成荣(2005)将品牌价值评价明确地划分为三类:品牌价值资产化评价、品牌价值社会化评价、品牌价值内部评价。并对品牌价值资产化评价方法和品牌价值社会化评价方法进行了系统研究,提出了品牌价值资产化评价方法——双因素法,品牌价值社会化评价方法(sinobrand)。

2.3.1.3 消费者要素和市场要素品牌资产价值评估

艾克(1991)提出了两种品牌资产评估方法:(1)价格溢价法。一个简单方法是观察该品牌的市场价格水准与竞争品牌有何差异,或者通过市场调查了解消费者对产品不同属性和特征(包括品牌名称)所愿意支付的金额。(2)顾客偏好调查法。考虑品牌名称对顾客在评估品牌偏好、态度或购买意图方面的影响。如果受到品牌名称的正面影响,带来销售增加的边际价值就是该品牌的价值。

凯勒(1993)提出间接法和直接法。①间接法由品牌知识,即品牌知名度和品牌形象来评估品牌资产的潜在来源。品牌联想强度,则可由两种方法衡量,比较品牌联想的特性和直接收集消费者对各品牌联想间有关的信息。②直接法则直接衡量消费者对品牌营销活动所反映的品牌知识差异的效果。

艾克(1996)提出品牌权益十要素(brand equity ten)模型来评估品牌资产价值。该模型中设计了忠诚度、认知质量或领导能力、品牌联想或差异化、品牌认知与市场行为这五个维度的十项具体评估指标。

张传忠(2002)认为,品牌价值能够给顾客和企业带来不同于产品的特别价值或特别利益,但是,品牌价值不等于这些特别价值或特别利益,而只能产生体现这些特别价值或特别利益的有价值的"能量"。由于品牌与企业营销策略之间的相互作用,应该根据综合程度(广义与狭义）、贡献周期（长期与短期）、市场属性（质量与数量）等方面的差异清晰界定品牌价值的边界。李友俊和崔明欣（2005）认为，品牌反映的是企业与消费者及竞争对手的关系，品牌价值的本质是反映这种关系的品牌实力，可分别运用品牌的关系维度和市场维度衡量该品牌的内在实力和外在表现。为此建立了一套品牌实力评估体系，并利用灰色系统方法对品牌实力进行衡量，最后，利用行业标杆比较法予以量化评估。王海忠（2006）等指出，对于品牌管理者而言，品牌资产无疑有其固有逻辑，其源头是企业营销活动，它影响消费者对品牌的心理认知形成消费者的品牌知识。但是，这不是品牌建设的终点，积累的品牌知识必须反映到品牌的商品市场和金融市场的表现上。

2.3.1.4　消费者要素品牌资产价值评估

品牌资产趋势模型是由美国整体研究公司（Total Research）提出，它每年调查2 000位美国消费者，1995年的调查包括100多个产品类别的700个品牌，该模型经过多年的调查积累了较大的数据库，可以更好地理解各品牌的品牌资产的运行机制及运行效果。该模型主要由消费者衡量品牌资产的以下三项指标：品牌的认知程度、感知质量、使用者的满意程度。

品牌资产引擎模型（brand equity engine）是国际市场研究集团（Research International，1996）提出的品牌资产研究专利技术。该模型认为，虽然品牌资产的实现要依靠消费者购买行为，但购买行为的指标并不能揭示消费者心中真正驱动品牌资产的关键因素。品牌资产归根结底是由消费者对品牌的看法，即品牌的形象所决定的。

凯勒（2001）提出了基于顾客的品牌资产模型（CBBE），并依此构建了基于消费者的品牌价值评估模型。CBBE模型过程完整，便于给品牌管理者提出管理建议，但该模型包含的要素较多，容易造成理解上的混乱。

品牌财产评估（brand asset valuator）电通模型。该模型使用邮寄自填问卷，每三年进行一次消费者调查，覆盖了19个国家（地区）450个全球性品牌以及24个国家（地区）的8 000多个区域性品牌。在调查中，由消费者用"差异性""相关性""品牌地位""品牌认知度"四个方面的指标对每一品牌的表现进行评估。在消费者评估结果的基础上，该模型建立了品牌强度和品牌高度两个因子，进而构成了品牌力矩阵，可用于判别品牌所处的发展阶段。

范秀成和冷岩（2000）认为，品牌价值是品牌在消费者心中的反映，通过消费者对品牌的忠诚购买体现品牌价值，他们提出了忠诚因子法。卢泰宏（2002）对品牌资产评估方法做了进一步研究，比较归纳了国际上品牌资产评估的代表性方法，并分析了国内评估方法的缺陷，提出改进的主要方向是在评估模型中强化消费者要素。于春玲和赵平（2003）则强调品牌价值的消费者基础，认为品牌价值是消费者对企业营销活动在认知、情感、行为意向、行为方面的差别化反应。王金凤（2004）从品牌忠诚度和品牌知名度两个品牌效果的综合作用来评价品牌价值，同时考虑消费者的购买可能性对实际的品牌价值所造成的影响。何志毅和赵占波（2005）从消费者态度方面对品牌资产评估进行实证研究。通过因子分析，分别得到七个基于消费者的品牌资产评估维度，其中，公共因子包括：品牌忠诚度、品牌形象、企业家形象和品牌支持。基本公共因子包括品牌创新和品牌韧性，特殊公共因子包括品牌延伸、品牌扩张、品牌价值和品牌宣传。

2.3.2 研究述评

随着品牌资产概念研究的深入，品牌资产评估方法相应也取得了进一步发展。对于品牌资产评估的综述，主要从财务会计要素视角、财务会计要素和市场要素视角、消费者要素和市场要素视角、消费者要素视角这四方面展开。通过笔者对已有文献的梳理，可以看到品牌资产价值评估方法正在逐步完善并趋于多元化，对于品牌资产评估方法的研究存在两个大的发展方向：一是以测算品牌财务价值为主的评价模型，主要应用于企业并购重组中；二是从消费者要素和市场要素的角度来评估品牌价值的模型，这样能够与企业的具体品牌管理结合起来，可为企业具体管理提供指导与参考。但是，兼顾上述两大发展方向的研究不多，品牌资产价值是动态而非静态的，目前，在我国并未形成系统的、可操作性强的品牌资产价值评估方法。

2.4 品牌资产价值确认与披露

2.4.1 中外文文献综述

玛丽·E. 巴斯（Mary E. Bass, 1998）认为，品牌价值与产品的价格、公司效益明显正相关，但是企业的财务报表不反映单位自创品牌价值，使得企业市场价值和账面价值之间差异过大。有关人士认为，品牌价值能够充分地反映股价，但由于现行的财务报告遗漏了自创品牌价值，自创品牌需要披露。大卫·艾克（1999）认为，自创品牌本质上是一种无形资产，因此必须为这种无形资产提供一个财务价值。该种观点产生的背景是公司必须对股东负责，如果不给每一个品牌赋予货币价值，公司管理人员就无法知道其公司的真正总价值，尤其是在收购或兼并行动中，就更需要知道自创品牌的价值。托尼·托林格托（Tony Toringetuo, 2001）认为，公司财务报表不能反映公司的真实价值，这是因为在财务报表上并不反映自创品牌等无形资产的价值，从而导致了公司市场价值与账面价值的差距越来越大。

本书从定义的角度讨论了资产概念中"品牌资产是过去的交易与积累形成的"，说明资产定义制约了人们的认识，建议重新考虑来自会计行业对经济发展的推动力。凯伦·S. 克雷文斯和克里斯·盖尔丁（Karen S. Cravens and Chris Gelding, 2001）认为，有关品牌价值会计管理的数据，大都来自在新西兰、英国、美国长期工作的财务总监和营销经理。由于美国实行的会计报告禁止在资产负债表中把自创品牌作为一项独立的资产，因此，美国的经理从品牌价值会计中获得有利于品牌管理的信息最少。英国会计界从20世纪80年代末开始要求重视品牌价值会计，几家大的公司在它们的对外财务报告上开始对自创品牌价值资本化。新西兰、英国、美国在对待品牌会计上存在差异，但是它们的共同性也是值得注意的，它们一致认为品牌价值会计对公司正面管理具有潜在的作用。赫尔夫·斯托罗威、阿克塞尔·哈勒和沃克·科洛克豪斯（Herf Strowway, Axel Haller and Walker klockhouse, 1998）比较了法国和德国在国际会计准则第 38 条无形资产目的（IAS38）公布后两国对品牌采取的立场，文件显示，尽管有许多相似点，这两个国家常常可以发现在同一会计制度下（大陆欧洲模式）却采取不同的方法，并且也与（IAS38）不同，主张披露更多的自创品牌资产价值的信息。

杨雄胜（2000）提出，作为以满足管理决策信息需要的会计，以"计量技术不成熟"和"违反传统会计原则"为由，可以不对自创品牌价值作出反应进行说明，但若长期无视管理决策对此信息的迫切需要，必将会严重削弱会计在现代经营管理决策中发挥积极的作用。陈志红（2001）提出了品牌资产会计的概念，并认为探讨和实施品牌资产会计在我国是必要的和适应的。应该先在管理会计中加强对品牌会计的研究，然后，在财务会计中确立品牌会计的地位并在财务报表中披露相关信息。毛星和田兵权（2003）、陈红和唐滔智（2007），王佳凡（2009）提出，中国应建立专门的品牌会计，以满足品牌经营管理的需要，对品牌价值的确认和披露进行了分析。黄瑞云（2006）阐述了品牌资本化的理论基础和品牌资本化的主要模式。刘红霞（2009）提出，在对外购品牌资产及自创品牌资产信息揭示的过程中，不但要按照历史成本计量披露品牌的成本价值，还应借助公允价值计量模型来揭示品牌资产的现时价值，同时，企业还应关注与品牌公允价值披露相关的非财务信息的揭示。

2.4.2 研究述评

中外文文献关于品牌资产及其业绩相关方面的研究，自 20 世纪末开始。由于目前外文文献对品牌资产特别是自创品牌资产的确认和披露，各国在具体规定上存在一定差异，所以各国学者研究的重点是不同的。中国自 2000 年开始出现该方面的研究文献，但国内外对该领域的中外文研究文献比较零星、松散，如何适应新的经济环境，突破传统会计理论的限制对企业品牌资产价值进行合理确认和披露，从而更加合理地体现企业价值，提供对使用者决策更加有用的财务会计信息，已成为财务会计研究领域的新课题。而且，以往中文文献的理论深度一般，多位学者提出就我国情况而言可将品牌资产价值确认与披露工作先在品牌资产管理会计中操作，但都只是提及而并没有提出如何具体操作，特别是对品牌资产价值披露的研究深度不够，未运用具体理论或具体方法深入解决该问题，也没有涉及品牌资产价值确认和披露应该如何具体服务于企业品牌资产管理工作。

2.5 品牌资产与经营业绩相关性

2.5.1 中外文文献综述

艾克和雅各布松（Aaker and Jakobsson，1998）将研究重点放在顾客的可感知质量这一重要的战略资产上。通过验证三个假设前提：（1）产品质量是否会影响公司的长期运营；（2）股票市场上的参与者是否意识到产品质量的影响作用；（3）产品质量衡量标准中所包含的错误信息，是否会占主导地位。艾克和雅各布松（1998）最终得出，品牌的可感知质量包含着丰富的公司长期业绩的信息，并被投资者所认知，从而影响公司在金融市场上的股票收益。

桑杰·凯勒皮尔和塞布丽娜·Y.S.科万（Sanjay Kellepier and Sabrina Y.S. Cowan，1992）通过对33家英国公司的实证研究，证实了品牌认知（brand recognition）的量和质对股票价格产生的影响。桑杰·凯勒皮尔和塞布丽娜·Y.S.科万（1992）认为，品牌认知可以帮助企业：①避免伦敦股票交易所（London Stock Exchange）中关于股票持有者必须大规模买卖的规则；②减少其杠杆作用。并提出，在21天的周期内，品牌资产价值的公告与金融市场收益存在积极的相互关系。

托马斯·J.麦登等（Thomas J. Madckn et al.，2003）在艾克和雅各布松（1998）的基础上，进一步证实了品牌资产（brand equity）组合与股票价格之间的联系。他们通过研究1994~2001年股票收益的数据发现，通过国际品牌集团（Inter brand）公司品牌测量法所挑选的强势品牌组合在金融市场上所产生的影响，比整个市场其他因素更系统、更重要。并从以下三个方面进行了阐释：（1）品牌资产的财务价值在品牌优势的感知价值之上；（2）强势品牌对股票持有者的回馈，高于其他相关的市场因素；（3）品牌所产生的额外收益与高风险没有任何关系。

金洪波，金武刚和郑一安（2003）实证分析了消费者品牌资产对公司财务业绩的影响，收集使用12家豪华酒店的数据，显示品牌忠诚度、感知质量和品牌形象是消费者品牌资产的重要组成部分。结果表明，酒店品牌资产建立时应该认真考虑品牌忠诚度、感知质量和品牌形象这三个变量。

阿图尔·拜尔道夫，凯伦·S. 克雷文森和古淳·拜德（Artur Beildorf, Karen S. Cravens and Gu Chun Baick, 2003）研究验证了品牌资产对公司价值的影响，并讨论了无形资产类别。例如，品牌资产价值对资本市场的影响，使用回归分析法分析了奥地利公司管理人员的样本，这项研究调查了可察觉的品牌资产的品牌盈利能力的影响，品牌的销售量，可察觉的客户价值。结果表明，品牌感知质量、品牌忠诚度、品牌意识应作为企业业绩、客户价值、购买意愿事先考虑的因素。

李立恩和郭贤达（2007）探讨了广告和品牌价值对公司未来经营和市场业绩的共同影响。用可操作的未来经营业绩和市场业绩分别作为未来会计收益和未来的股票收益率。结果显示，广告和品牌价值二者都提高了企业层面的未来会计的收益。广告和品牌价值对未来股票收益的影响微乎其微，其研究发现广告支出导致了更好的品牌销售和品牌效益。品牌价值也是品牌业绩很好的预测者。研究得出广告和品牌价值通过提高会计业绩能够使品牌和公司获利的结论。

马修·杨和芮博澜（Matthew Yang and Rui Bolan, 2008）分析了品牌价值和公司业绩之间的关系，认为建立品牌价值和公司业绩之间的联系是重要的，因为：（1）在品牌价值建设方面的支出必须提高股东价值；（2）它提供给市场营销者必须的理由，品牌投资需要盈利；（3）应允许在资产负债表中披露品牌资产。在分析中使用面板数据框架，对2000~2005年美国50家公司在品牌资产价值和企业业绩的各项措施之间的联系进行了实证分析。

尤开夫（Yukaf, 2009）以计算机行业为例，研究了品牌价值和广告对公司财务业绩和股票收益的联合影响。这项研究的理论框架是基于资源的理论，该理论认为，无形资产对于公司保持其竞争优势有直接的关系。其重点论述了资产收益和股票收益与公司的广告开支和品牌价值有积极的作用。该研究设计使用非随机横断面，这些数据包括自2000~2007年interbrand年度全球品牌列表中列出的17个公司的品牌价值和广告支出，资产收益率和股票收益率从公司财务报告中摘录。研究使用面板数据模型和时间截止分析序列。结果表明，在资产收益率和品牌价值之间，在品牌价值和广告之间存在正相关关系。

尼尔·A. 摩根和洛波·L. 威斯高（Neil A. Morgan and Lopa L. Wesg, 2009）分析了品牌组合战略与经营业绩的关系。选取了消费者市场上72家大型上市公司近10年的经营业绩（1994~2003年），检验了几个行业和企业的特点，分析了具体品牌组合特征的关系（所拥有品牌的数目，在细分市场的销售数目，其中，提到公司组合品牌的互相竞争，在组合中消费者对品牌质量和品牌价格的感知）和企业营销的效果（消费者忠诚度和市场份额），营销效率（广告费用占销售额的比率和销售占一般销售费用的比率），以及财务业绩（现金流量和现金流量的变化）。

中国对品牌资产价值与企业经营业绩相关性的研究刚刚起步，能够检索到的研究文献很少。

王恩胡（2005）选取中国驰名商标或获得中国名牌产品认定的国内上市公司作为研究对象，借助2001年年报数据资料分析了国内上市公司品牌经营的现状。运用均值比较、曼惠特尼"U"检验方法对名牌上市公司和非名牌上市公司各自的盈利能力指标和成长性指标进行对比分析，发现品牌经营确实显著提高了企业利润率；但企业盈利能力、业务扩展能力的提高并不显著。

施中华和郁义鸿（2006）对中国轿车市场的品牌扩散策略与绩效进行了分析。以产品差异化理论为基础，分析了品牌扩散策略的优势和劣势。结论表明，领先企业有动机通过品牌扩散进入新的细分市场，并提高企业盈利能力。

陈耀（2007）分析了广告投入、品牌资产与金融市场产出的关系。从基于顾客的品牌资产角度研究营销投入与金融市场产出的相关性。对所得数据的线性回归结果表明，基于顾客的品牌资产存在显著的财务价值相关性，企业的财务报告中包含品牌资产的信息。不同强度的品牌资产具有不同的影响力，强势品牌对金融市场产出的影响在大部分行业要高于弱势品牌。其中，强势品牌中具有显著性水平的占总体的100%，弱势品牌则为50%。

许亚磊和陈育明等（2008）做了品牌认知与银行绩效正相关的经济学分析，阐述了品牌驱动将意味着绩效的增长，选取银行作为研究分析对象,用霍特林线段模型和博弈分析方法初步论证了品牌认知和银行绩效成正相关关系。

2.5.2 研究综述

这部分内容是目前中外文文献新的研究方向。根据笔者检索到的资料,外文文献外关于这方面的研究自 2003 年开始零星出现。而该领域的中文文献就更少了,自 2005 年才有与该方向相关的研究论文发表。该方面的研究主要集中在以下几点:营销角度的品牌资产对公司财务业绩的影响;营销角度的品牌组合战略与经营业绩的关系;品牌感知质量、品牌的忠诚度、品牌意识对资本市场的影响;广告和品牌价值对公司未来经营业绩和市场业绩的共同影响;品牌价值和公司业绩之间的关系。通过上述分析,可以看到该方面的研究视角多集中在从营销角度分析品牌资产与企业经营业绩的相关性,而且,中文文献较少有系统使用中国上市公司在资本市场上的数据来进行分析。

根据本章中对中外文文献的评析,本书的研究从以下几个方面展开:对品牌资产相关理论进行了系统梳理;构建品牌资产价值综合评估模型;在借鉴国外比较成熟做法的基础上,提出在我国会计准则中应对自创品牌资产进行会计确认,同时,提出如何计量和合理披露(包括外部披露和内部披露)企业品牌资产特别是自创品牌资产的价值,以满足会计信息决策有用性的要求;研究品牌资产价值驱动因素,为企业经营者有效管理品牌资产提供理论支持。同时,本书拓展在此领域已有的研究方法,应用案例分析方法,利用中国上市公司数据使用实证分析法进行研究。

第3章 品牌资产基本理论

3.1 品牌概念的界定

3.1.1 品牌的定义

著名营销学家菲利普·科特勒认为，品牌是一个名称、名词、标记、符号或设计，或是它们的组合，其目的是识别某个销售者或某群销售者的产品或劳务，并使之同竞争对手的产品和劳务区别开来。

品牌的含义可分为六个层次。属性——品牌先使人们想到某种属性。利益——品牌需要转化为成功性或情感性的利益。价值——品牌还体现该制造商的某些价值感。文化——品牌也可能代表一种文化。个性——品牌也反映一定的个性。用户——品牌暗示了购买产品或使用产品的消费者类型。

3.1.2 品牌的特征

从品牌含义的描述以及笔者研究发现，品牌具备如下几大特征。

(1) 非物质性。本身不具有独立的物质实体，是无形的，但它以物质为载体，是通过一系列物质载体来表现自己的。直接的载体主要有：图形、品牌标记、文字、声音；间接载体主要有：产品的价格、质量、服务、市场占有率、知名度、亲近度、美誉度等。

(2) 资产性。品牌是企业的一种无形资产。品牌所代表的意义、个性、品质和特征具有某种价值。这种价值是我们看不见、摸不到的，但却能为品牌拥有者创造大量的超额利益。

（3）集合性。品牌是一种沟通代码的集合体。品牌是一种错综复杂的象征，它把一个符号、一个单词、一个客体、一个概念同时集于一身，把各种符号如标识、色彩、包装都合并在一起。生产商（服务商）把品牌作为区别于其他生产商（服务商）产品（服务）的标识以吸引人们，尤其是引起消费者和潜在消费者对自己产品（服务）的注意与识别。从消费者角度看，品牌作为一种速记符号与产品类别信息一同储存于消费者头脑中，而品牌也就成了他们搜寻记忆的线索和对象。

（4）专有性。品牌具有明显的排他专有性。品牌代表一个企业在市场中的形象和地位，是企业进入市场的一个通行证，是企业和市场的桥梁和纽带。从某种意义上说，品牌是企业参与市场竞争的法宝、武器和资本，同时品牌属于知识产权的范畴。企业有时通过保密措施和企业保护法来维护自己的品牌，有时通过在国家有关部门登记注册、申请专利等形式保护自己的品牌权益，有时又借助法律保护并以长期生产经营服务中的信誉取得社会的公认，如品牌名称、品牌标志，这些都有力地说明了品牌具有专有性。

（5）扩张性。品牌具有极强的扩张力、延伸力和影响力。品牌成为资产重组的旗帜，是公司品牌形成的重要标志。在同一时段内，许多企业亏损甚至倒闭，而相反许多有价值品牌的企业在市场中却有越来越高的号召力、影响力。在品牌扩张、延伸过程中，逐步形成集团化发展，随着公司集团化发展，品牌行业界限越来越模糊，而其品牌的概念却越来越清晰。

（6）风险性和不确定性。品牌具有一定的风险性及不确定性，品牌潜在价值可能很大，也可能很小。它有时可使产品取得很高的附加值；有时则由于企业的产品质量或服务质量出现意外，或由于企业的资产运作状况不佳及产品售后服务不过关等，而使企业迅速贬值，出现品牌"跳水"现象。

（7）承诺性。品牌是一种承诺和保证。这是以品牌提供的价值、利益和特征为基础的，品牌必须提供给消费者强劲的价值利益以满足消费者的需求与欲望，以赢得消费者的忠诚，赢得他们长期的信赖与偏好。

（8）竞争性。品牌是企业市场竞争的工具。在产品功能、结构等因素趋于一致的时代，关键是看谁的品牌过硬。拥有品牌的企业，就能在未来竞争中处于有利位置,留住老顾客,开发出大量潜在消费者,树立起良好的品牌形象,提高市场覆盖率和市场占有率,赢得更大的利润和效益。在品牌对市场份额的切割中,意大利巴莱多定律也适用,20%的强势品牌占有80%的市场份额,20%的品牌企业为社会提供80%的经济贡献率。

(9)忠诚性。现代市场竞争,从某种意义上说,就是品牌竞争。许多消费者购买的是品牌,而不是产品,他们往往会根据自己的消费体验来认牌购买,甚至没有他指定的品牌,他就不购买。如有些消费者喝饮料,就专喝可口可乐,其他饮料一概不喝。品牌是赢得消费者重复购买、大量购买的动力,强势品牌比起一般品牌更是棋高一筹。强势品牌可以影响人们的生活态度和观点,可以影响社会风气。

3.1.3 品牌的功能

纵观品牌对企业的作用轨迹,我们不难发现品牌具备如下几种基本功能:

(1)识别功能。识别功能是指,品牌能够尽快帮助消费者找出他所需要的产品,缩短消费者在选购商品时所花费的时间和精力。品牌是一种无形的识别器,是产品和企业的整体概念。它能使消费者在购买具有某种使用价值的商品时,面对琳琅满目的商品很快作出选择。正因为品牌是产品的标志,代表着产品的品质、特色、承诺,缩短了消费者的购买时间和购买过程。品牌经过国家有关部门登记注册后,成为企业的代号,代表企业的经营特色、质量管理要求、产品的形象等。如果品牌在消费者心目中已形成良好的印象,易使消费者在种类繁多的商品中很快作出选择,认牌购买。

(2)维权功能。品牌通过登记注册后,受到法律法规保护,禁止他人非法利用。如果质量有问题,消费者可以根据其品牌与企业进行交涉,依法向其索赔,保护自身的正当权益。

(3)促销功能。促销功能主要表现在两个方面:一是由于品牌是产品品质、特色、档次的标志,易引起消费者的注意,满足他们的欲求,因此,易赢得消费者的选择和厚爱,实现扩大产品销量的目的。二是由于消费者往往依照品牌选择产品,甚至指定品牌购买,这就促使生产经营管理者更加关心品牌的形象，不断开发新产品，推陈出新，加强质量和服务管理，提高其品牌知名度、美誉度，使品牌走上良性循环的轨道。

（4）旗帜功能。20世纪80年代初，日本的家电产品进入中国市场时，就是依靠东芝、索尼、松下、三洋等几个品牌，迅速打开且占领中国很大一部分市场，"日货"曾一度占据中国家电行业的大部分市场。

（5）增值功能。品牌是一种无形资产，它本身可以作为商品被买卖，为企业带来巨大的经济效益。随着品牌的知名度、美誉度的提高，品牌本身的价值也在连年攀升。与其说是产品给生产经营者带来了财富，倒不如说是品牌给他们带来了财富。

（6）形象塑造功能。品牌代表着企业形象，在消费者心目中，总是把品牌实力与企业的形象联系在一起。品牌有利于塑造企业的形象，提高企业的知名度、信赖度，为企业多元化及品牌延伸打下坚实有力的基础。

3.1.4 品牌的分类

品牌是一个非常笼统的概念，只有对其进行较合理的分类，才能更好地认识它产生的规律性，研究它的价值。

3.1.4.1 按照品牌的市场半径和影响范围大小，可划分为区域性品牌和国际品牌

区域性品牌，无疑是在某一特定地区具有较高的社会认知度，市场影响力、辐射力有限。但这类品牌在当地或相邻地区确实有较高的市场占有率，形成特定区域消费者的品牌偏好，对外来同类品牌具有很大的排他性。区域性品牌往往是形成世界品牌的必经之路，世界上很多著名的品牌都是从区域性品牌起家的。多数区域性品牌最终不能成为世界品牌，原因是多方面的，如有些是因资源或生产能力有限，有些是因同类产品市场竞争过于激烈，有些是消费习惯所致。在开放环境中，有些区域性品牌的市场地位是不稳定的，本身的质量、功能、文化含量和价格不能优于竞争对手，就可能迅速被市场淘汰。但也有一些区域性品牌具有稳定性，这类品牌往往具有资源和技术的垄断性，且适应某一特定市场的需要，这样的区域性品牌一般具有较强的生命力。国际品牌，即在国际市场上具有极高的

声誉、被全球公众广泛认知的品牌。这类品牌历经锤炼，经受国际市场竞争的洗礼，具有强大的生命力。和区域性品牌相比，国际品牌的市场半径更大，可以辐射到世界各地，有些大众性的国际品牌甚至可以伴随人类的踪迹到达地球的每一个角落，具有很大征服力，能满足不同民族、不同文化、不同生活方式消费者的需要。国际品牌既是竞争力与财富的象征，也是文化的象征。它折射着一种生产力、一种生活方式、一种消费水平、一种文化信念。根据统计，目前几乎所有的国际顶级品牌多被美国、日本、英国、法国、意大利、德国、荷兰等少数国家所垄断。

3.1.4.2 根据品牌目标顾客消费层次差异，品牌可划分为高端品牌和大众品牌

高端品牌，面向具有较高收入的少数消费者或极少数消费者。以品质特优、自身价值、文化品位较高，而成为目标市场中的"垄断者"或佼佼者。高端品牌的绝对市场占有率并不高，但辐射面很广，影响力很大，实际上有些高端品牌虽然为一般消费者的购买能力所不及，但却妇孺皆知，成为金钱、身份、地位和权力的象征，成为人们倾慕和追求的对象。多数高端品牌的绝对市场占有率不高，并不是因为生产资源、能力受限，而是生产者的一种营销战略。有些生产者有意限制产品生产量，满足拥有者的占有欲和优越感，以此在目标市场中造成"物以稀为贵"的特有品牌效应。生产者靠增加产品附加值的办法，获取高额利润。

大众品牌，面向社会主流消费群体，与高端品牌相比，它的品质、价格和服务更适合一般消费者或有较高收入的消费者的需要。由于它的目标市场宽广，生产者能够以较低的生产成本实现规模生产，又能以适中的价格形成竞争优势，因此能够获得极高的市场占有率和极好的效益。大众品牌一般涉及人们的生活必需品，不是奢侈品，无论是在发达国家，还是在发展中国家，都有极大的市场。因此，大众品牌是品牌大家族的主体，尤其是在发展中国家，总体消费水平不高，大众品牌更受市场推崇。

3.1.4.3 按照品牌产品的品种分类，可以划分为单一品牌和复合品牌

单一品牌，即企业生产单一产品、使用单一商标而形成的品牌。这类

品牌一般表现出企业、商标、产品的高度一致性，生产的专业化程度相当高，市场半径和市场占有量大，品牌形象清晰具体、易于传播、易于消费者识别。依据竞争状况不同，有些单一品牌市场容量极大，产品生命周期较长，也有较强的竞争优势，因此，在市场上相当稳定，如可口可乐。相反，也有些单一品牌市场容量不大，产品寿命周期较短，且同行竞争激烈，因此表现出不稳定性。从发展的角度看，这类品牌势必在巩固自身原有市场地位的同时，利用品牌商誉和技术优势开发新的产品，扩展品牌的容量，最终向复合品牌过渡。

复合品牌是指，企业使用同一商标生产多种产品，或使用多种商标生产多种产品而形成的品牌。像宝洁旗下不同产品还有不同品牌，就是典型的复合品牌。复合品牌的生产规模一般比较大，实行多样化经营，不同的产品都能获得较高的市场占有率，表现出雄厚的实力。复合品牌的形象在消费者心目中不像单一品牌形象那样具体，更突出商标形象和企业整体品牌形象。复合品牌与单一品牌相比，市场风险、财务风险较小，也能最大限度地利用无形资产。但如果实力不强、竞争优势不明显时，滥用自身的品牌资产，盲目扩大多样化生产范围，也可能因此步入财务陷阱；一两个产品出问题，就可能使整个品牌声誉受损，乃至毁于一旦。

3.1.4.4 按照品牌价值形成的特点不同，可划分为高技术品牌、高文化品牌、一般品牌和精英品牌

从广义来讲，品牌或多或少都有一定的技术含量。技术含量，既包括反映最先进的科技水平的专利技术、专有技术，也包括一些传统的秘方和特殊的工艺等。高技术含量品牌（简称高技术品牌）或拥有特殊配方、工艺，或拥有体现高科技的专利技术，或使用新材料、新能源等。这类品牌的价值主要源于科技含量，开发的成本比较高，一旦应用于品牌生产，被市场认可，在一定时期内生产具有一定的垄断性，生产者因此能够获得丰厚的利润。由于当代世界科学技术日新月异，呈加速发展态势，高科技也是动态的，高技术产品也是相对的，生产者只有不断创新，应用最新科技成果，加速产品的更新换代，才能保持高技术品牌的优势地位。高技术品牌一般价值较高，但因其先进的功能和给人们带来的无可比拟的便利而备受消费者的喜爱。比较而言，有些品牌，技术含量并不太高，产品也并

非不可模仿和替代,但却有庞大的忠诚群体,具有丰厚的超额利润回报,这类品牌就是高文化含量品牌(简称高文化品牌)。这类品牌的价值主要源于文化特性与魅力,其开发成本不一定很高(有些纯属偶然获得某种文化灵感),功能也未必独特,但其鲜明的核心价值、深刻的文化个性寓意,尤其是给顾客带来的美好联想、体验、启迪、身份象征和精神满足,足以使它价值倍增。高文化品牌的卖点是文化,这类品牌的亲和力远远胜过其他品牌。

高技术品牌和高文化品牌,是依品牌价值形成特点而区分的两种典型品牌。实际上,大凡品牌都包含技术和文化两种要素,只不过不同品牌所包含的这两种要素构成比例不同。根据技术含量、文化含量的差异,还可划分出以下两种类型品牌:即中低技术品牌、中低文化品牌,可称为一般品牌或平衡型品牌;高技术品牌、高文化品牌,可称为精英品牌或双峰型品牌。因为多数品牌在技术含量、文化含量上均呈现不均衡性,完全平衡型品牌尤其是双峰型品牌是凤毛麟角的。

从品牌价值的形成和表现形式上看,这种划分方法具有科学意义。品牌由两个层面构成:第一层面是物质层面,表现出卓越的品质与功能,满足目标顾客的某种物质需求;第二层面是精神层面,表现为独特的个性魅力,满足目标顾客精神的、审美的需求。从品牌价值来源的角度看,品牌第一层面的价值主要是技术创造的,高技术是品牌的卓越品质与卓越功能的保证;品牌第二层面的价值主要是文化创造的,高文化是独特个性魅力的源泉。这种分类有助于深化对品牌价值来源及构成的理解,也有助于创新和完善品牌价值评价模型,同时,能够据此设计出有效提升品牌价值的途径。

3.1.5 品牌的成长环境分析

为什么多数国际著名品牌相对集中于发达国家?这与品牌成长的市场、科技、人文环境密切相关。

(1) 品牌的成长与其生存土壤,即一国的总体经济实力有关。

美国是当今世界经济实力最强的国家,占世界 GDP 的比例约为 30%,而品牌的数量也居世界第一。

(2) 品牌的生命力取决于一国的整体科技创新能力。

国际品牌，无论是体现高科技的计算机、飞机、汽车，还是简单的生活用品，大多靠雄厚的科技实力和不断的产品创新才能保持品牌旺盛的生命力。美国、英国、法国、德国等都是科技大国，具有雄厚的基础研究实力和实用技术开发能力，能够为品牌成长提供有力的科技支撑。日本的基础科学虽显薄弱，但善于吸收和借鉴，能够充分利用欧美的科学研究成果，技术开发能力强，这也是其创造世界级品牌的秘密所在。与科技创新能力相适应，较高的劳动力素质也是创造世界品牌的必要条件。仅从受教育程度看，世界银行提供的 1995 年的数字表明：接受高等教育的人数占适龄年龄组人数的比例，美国达到 76%、法国达到 43%、荷兰达到 38%、德国达到 36%、意大利达到 32%、日本达到 31%、英国达到 28%。较高文化素质的劳动力资源和悠久的重视质量的传统，使世界级的品牌保持着相当稳定、很高的品质。

(3) 规模巨大、实力雄厚的大集团公司往往是培育世界级品牌的摇篮。

很多顶尖级的世界品牌出自大公司，如通用电气、通用汽车、福特、IBM、波音、宝洁、惠普、丰田、本田、索尼、日立、松下、奔驰、西门子、大众、壳牌、菲亚特、雀巢、联合利华等。

(4) 有秩序的竞争环境和政府的有力支持促进了品牌的发展，品牌是竞争的结果。

竞争促进产品成本下降，质量提高，经过多次竞争优胜劣汰，一直保持胜利者即成为品牌。老品牌如此，新品牌也是如此。英特尔公司和微软公司在角逐计算机芯片和软件市场中，战胜了不少竞争对手，脱颖而出，迅速成为世界级品牌。但这种竞争必须是有秩序的，无序的竞争、假冒伪劣盛行，绝不可能出现世界品牌。欧美等发达国家发展市场经济时间较长，基本上形成了较好的市场环境和市场规则，这是品牌赖以健康成长的重要原因。实际上，政府不仅通过创造良好的市场环境为品牌发展铺路架桥，而且通过科技政策、税收政策、外贸政策，以及一定的"政治营销"手段，大大地支持了品牌的发展，在这方面欧美等国为我们提供了不少有益经验。

(5) 品牌的成长也与其特定的文化背景和文化传统有关。

分析众多的国际品牌有一个共同的特征，即历史比较悠久，大多数有

100~200年的历史，品牌中积淀着深厚的民族文化底蕴。即使历史较短的一些品牌，也有民族烙印。因为品牌产生在特定的地区、特定的历史背景和特定的文化氛围中，它所满足的也是特定的市场需求。品牌市场的扩大并不表明品牌自诞生之日起就具有世界性，相反，越是民族的，越是具有浓郁民族文化特色的品牌，越能走向世界。也就是说，品牌是以它的崇高品质，带着它的个性文化走向世界的。当然，在走向世界的过程中，也在不断完善自身，使之适应更广大的市场需求。可口可乐和麦当劳属于带有美国文化的品牌，但它也征服了中国消费者，使中国消费者在消费其产品过程中，也潜移默化地接受了美国文化。可以说，特定的历史与文化孕育了品牌，品牌又反过来传承和弘扬这些文化，并将这些文化传向世界。

3.1.6 品牌成长规律

无论是哪一类品牌，如果抽象掉其具体的特征，都有着共同的成长规律。品牌的成长过程受到来自市场和科技进步等多方面的影响，也取决于品牌设计者与生产者的素质以及文化的投入和管理水平的高低。

3.1.6.1 市场引导

品牌成长离不开一定的市场环境，市场对品牌的引导作用主要体现在：

（1）品牌是在市场需求中诞生的。

当消费水平达到一定层次，市场就产生了对产品质量、功能、款式、包装等方面更高的需求，品牌应运而生。一般而言，人均GDP500美元为生存型需求结构，500~1 000美元为温饱型需求结构，1 000~3 000美元为小康型需求结构，3 000美元以上为富裕型需求结构。按此标准，我国正在全面向小康社会迈进，相当一部分居民的需求结构已经进入小康型，还有一部分进入富裕型。其需求的重点不再是满足温饱的必需品，而是满足高生活质量的商品，甚至开始追求满足人的发展与享受需求的商品。因此，各类品牌才如雨后春笋般涌现出来。品牌的成熟度是与消费层次高低成正比的。

(2) 品牌是在竞争中成长的。

遵循优胜劣汰的法则，优质、新颖且诚信、感动人的品牌，在竞争中获得强势，最终鹤立鸡群，成为行业品牌的领导者。品牌的竞争与资本的竞争有差异，资本竞争往往造成垄断，而品牌竞争的结果虽然也向少数品牌集中，但品牌园地仍是百花齐放、生态平衡的。因为不同品牌都有不同的核心价值，在广阔的市场中有自己明确的地位。

(3) 品牌需要靠有力的营销才能获得发展。

准确的品牌定位，清晰的品牌战略与策略，明确的广告、公关诉求都是品牌成长必不可少的。比如，广告虽然不能造就品牌，但却可以提升品牌价值，造就品牌形象和顾客忠诚。

3.1.6.2 科技推动

现代品牌是人类智慧和科学技术的结晶，以科技为先导，有较大的研究与开发（R&D）投入，品牌才能顺利成长。日本人认为，R&D占销售收入5%以上，企业才有竞争力，2%仅能够维持原状，不足1%则企业难以生存。这虽是就企业竞争力而言，支撑一个品牌虽因科技含量各有不同，但对R&D的要求也绝不能低于这一比例。科技因素对品牌的推动作用体现在：

(1) 科技决定品牌的生命周期。有些品牌历经百年甚至几百年长盛不衰，是有巨大的科技投入为支撑的。

(2) 科技决定品牌的质量。品牌卓越的品质，从根本上讲是靠科技支撑的。且不说高技术品牌，仅就一般品牌而言，对科技的依赖性也非常明显。

(3) 科技决定品牌的价值。随着科技革命和知识经济的发展，新技术不断涌现，产品的寿命周期不断缩短。40年前产品的寿命周期平均是8年，20年前为5年，10年前为3年，现在有些产品仅有一年甚至半年的生命力。目前，发达国家一年创新产品产量要占全部产品产量的40%以上。品牌要推陈出新，保持自己的市场地位，最根本的是依赖科技投入与开发。科技含量较大的品牌尤其明显。

3.1.6.3 人才决定

人为物的主宰。品牌所代表的高品质、高性能，所蕴含的高科技、高文化，归根结底是由人创造的。品牌是一面镜子，它能折射出生产者的品德、智慧与情感，优秀的品牌出自优秀的人才。这里所说的人才是广义的概念，既包括品牌的领导者、设计者，也包括品牌的具体生产者。

（1）品牌成名离不开著名企业家的培育。品牌与企业家共生，名企业家创立了著名品牌，著名品牌也成就了著名企业家。从一定意义上讲，没有著名企业家对品牌的追求、热爱与精心培育就不会有品牌。著名企业家在品牌创造中承担着发现、发明、决策、管理、创新和市场开拓等多重角色。有些企业家从纷繁复杂的市场需要中把握需求变化规律和发展趋势，发现市场缺口或市场切入点，缔造了品牌。有些企业家以极强的科技意识和发明创造的兴趣与实力，以敏锐的市场眼光，发明某种技术、某种产品，又找到了这种技术、产品与市场的对接点。

（2）品牌是由名牌员工创造的。传统的品牌管理把人与物等同起来，忽略了人的能动性和创造性。实际上，企业员工身处生产第一线，他们是品牌质量好坏的直接把握者。国外经验证明，先进的科技和训练有素的员工是取得产品质量优势和市场优势的关键。员工对品牌质量的影响通过以下途径实现：一是员工以自身不断探索和创新的精神，通过合理化建议等形式，完善产品和服务的设计，进而提高质量。在欧美，也以"初级董事会""自我管理""头脑风暴会议"及工人委员会、工作改善委员会、"半自治团体"等形式吸收员工参与生产管理，从而获得越来越多的提高品牌质量的"巧妙主意"。二是员工以自身爱岗敬业的精神和精益求精的工作态度创造出高品质。在大生产方式下，产品的科技含量越来越高，生产过程越来越复杂，一个品牌的诞生，仅就生产环节看，不仅取决于科学、完善的设计，先进的技术，更取决于生产第一线的员工。在生产过程中，一件产品要经过几十人、几百人，甚至成千上万人的手才能创造出来，任何一个环节、一道工序出现问题，都会功亏一篑。木桶理论或"最差点决定原理"表明，产品与服务的质量，不是由做得最好的环节和工序决定的，也不是由各环节和各工序的平均水平决定的，而是由做得最差的环节和工序决定的。品牌是名牌员工创造，名牌员工是培训的结果。

3.1.6.4 管理保障

卓越的管理造就卓越的品牌，管理对品牌的保障作用显而易见。建立以顾客为本的质量管理模式,是创造卓越品牌最基本的要求。

从国内外众多品牌的成功经验看,卓越品牌的质量管理主要体现出以下特征:

(1) 将市场作为衡量质量的最终标准。1951 年美国质量管理专家约瑟夫·M. 朱兰(Joseph M. Juran)在《朱兰质量手册》(*Juran's Quality Handbook*)一书中,明确提出了适用性的概念,即产品质量就是产品的适用性。产品质量高,表明用户在使用中满意程度高;产品质量低,即用户在使用中满意程度低。由此可见,是否符合市场需要,对用户是否适用,是衡量质量的最终标志。品牌之所以有价值,关键在于它的质量在市场上久经考验,并得到用户的长期信赖。近几年来,美国质量管理专家提出了世界性质量的概念,即指"在国际市场上有竞争力的产品质量",这种具有世界性质量的产品具有最大适用性,这应是品牌质量追逐的最高境界。

(2) 实施全过程的质量管理。传统观点认为,质量好坏是生产线上的事情,或者认为质量好坏是检验员的事情,这显然是误区。

(3) 坚持零缺陷的质量管理原则。世界著名质量管理专家菲利浦·克劳斯比(Philip Crosby)于 20 世纪 60 年代提出了零缺陷的质量管理思想。他认为,零缺陷是质量绩效的标准,应该成为企业毫不妥协的使命。所谓零缺陷,即做到尽善尽美,生产的产品没有废品,提供的服务没有纰漏。如何做到零缺陷?实践证明,必须在生产的每一个环节都注入零缺陷的机制。其中,产品的设计是首要环节,产品设计有缺陷,材料采购、生产、检验等环节做得再好也无济于事。在国外,多年的市场反馈和统计分析发现,设计中的问题日渐明显,因此,很多品牌厂商已经将设计活动列为质量管理的重点。从国外流行的"1∶10∶1 000"法则中,也可以看出设计环节的重要性。这个法则表明,如果在生产前发现一次缺陷改正起来只花 1 美元,那么,到了生产线上发现就得花 10 美元,如果到了消费者手中才发现,就要花 1 000 美元的代价。将这个法则推而广之,如果在检验环节出现缺陷,可能有一件产品或几件产品进入流通领域;在产品线上出现缺陷,可能造成一批产品不合格;如果在设计中出现缺陷,生产出来的产品就百分之百是废品。因此,控制产品质量必须把好第一关。当然,材料采购、生产过程、产品检验也不容忽视,这些环节只要严格按照质量要求,第一次就把事情做好,就可以避免失误,就可能创造出真正的零缺陷，生产出百分之百的合格产品。

（4）追求顾客满意的质量管理目标。近年来，顾客满意（customer satisfaction，CS）战略越来越为著名品牌所认可和推崇。在 CS 中，顾客是广义的，包括内部客户、外部客户。在公司内部，股东、员工是企业的基本顾客，生产部门是采购部门的基本顾客，各职能部门之间相互为顾客，在生产环节上，下一道工序是上一道工序的顾客。在公司外部，凡是已购买或可能购买本公司产品的单位或个人都是公司的顾客。只不过这些顾客有些对企业忠诚度很高，有些只处于游离层或潜在层而已。顾客满意是顾客在消费了企业提供的产品和服务后所感到的满足状态，这种满足状态是建立在道德、法律和社会责任基础之上的。同时，这种满足状态作为一种个体的心理体验，人与人之间存在明显的差异，甲十分满意的产品和服务，乙未必满意，不存在统一的满意模式。因此，从总体满意出发，尽力做到因人而异，提供有差异的满意产品、服务成为企业永恒的追求。

（5）推行面向全社会的质量管理。品牌在完善质量过程中，不仅要考虑对目标顾客的满足，而且要考虑对整个社会的满足，这种满足的支撑点是，品牌要有道德价值、政治价值和生态价值。道德价值是指，在产品生产和消费过程中，不会发生与社会先进道德相抵触的现象；政治价值是指，在产品生产和消费过程中，不会导致社会的动荡和不安；生态价值是指，在产品的生产和消费过程中，不会破坏生态平衡。在这三种社会价值中，如果说道德价值和政治价值较易鉴别和控制，生态价值鉴别和控制的难度则较大，这正是品牌的突破点。目前，绿色革命席卷全球，世界上很多国家采取环境标志的办法来证明某一产品不仅质量合格，而且在生产、使用和处理过程中符合特定的环境保护要求，与同类产品相比具有低毒少害、节约资源等环境优势。绿色竞争是 21 世纪品牌竞争的关键，具有远见的品牌企业，也将会在环境保护上倾注更多的精力，使自己的产品更加符合社会大众的根本利益。

当然，品牌都是有个性的，品牌的管理也不例外。在遵从上述一般规律的前提下，著名品牌的管理不仅是卓越的管理，而且是有特色的管理。在长期追求高品质的过程中不断谋求管理创新，创造了独特的管理模式与管理风格，即由创造某些新方法到产生新的理念，最终形成个性模式。这些个性化的管理模式对创造卓越品质、形成品牌个性起到了重要作用。

3.1.6.5 文化助成

品牌的一半是文化，品牌是由一定的文化精神铸就的。这里的文化主要不是指每个品牌具有的文化个性，而是一种内在的文化共性。大凡著名品牌都具有一些文化共性，这些赋予了品牌特有的生命基因。

（1）民族精神和爱国情结。品牌中具有深刻的民族性文化内涵，它源于品牌制造者的民族责任感和国家意识。在全球经济一体化的大趋势下，尽管各国市场紧密相连，很多公司的业务跨越国界，但品牌还是有国籍的。

在当今国际上综合国力的竞争中，企业作为经济主体，对国家和民族的发展肩负着不可推卸的历史使命。企业效益好，有竞争力，国家的经济实力就强，国家在国际社会中的地位就高。一个国家的形象在很大程度上是由其优秀企业、优秀品牌在世界上的形象树立起来的。可口可乐、微软、IBM代表的是美国的形象，丰田、索尼代表的则是日本的形象。当越来越多的人吃着麦当劳、肯德基，抽着万宝路的时候，谁又能否认这意味着美国人的价值观、生活方式对本民族的冲击呢？爱国主义是中国品牌文化的核心价值观。这种价值观决定了中国品牌的民族情结，中国的品牌发展始终同中华民族经济的振兴、中国现代化的实现紧密联系在一起。改革开放使很多中国企业家看到了中国与世界日益拉大的经济、技术差距，无数有着强烈民族责任感的企业家用自己的实际行动做出了选择：产业报国，保护民族品牌，争创国际品牌。海尔、长虹等企业明确提出了"敬业报国""产业报国"的理念。这充分反映了中国人强烈的民族自尊心和民族责任感，反映了中国企业极力保护民族品牌的文化自觉性。表面上看是产品竞争，本质上是文化竞争。可见，品牌是衡量一个国家技术、产业基础和国际竞争力的标志，更是物化的国家形象。如果企业没有强烈的民族责任感，不能在对外开放中创造和发展自己的品牌，就谈不到树立国家形象、增强国际竞争力。

（2）人本思想和人性化意识。这种文化精神体现为两方面。

一是在经营中体现一切以顾客为本，把提高人类的生活水准，把创造快乐和幸福，作为生产和服务的基本出发点。那种不为人类着想，单纯追求企业利益最大化的经营意识，违反了人本思想，创造不出著名品牌；那些偷工减料、生产假冒伪劣产品的行为，更是一种反人性化的行为。伴随着市场经济的发展，市场走向多元化、顾客走向差异化，这对企业惯于向顾客提供千篇一律、模式化产品及服务的做法，对以企业为导向控制市场的惯例提出了挑战。近些年来，受到人性化意识的影响，美国、日本的一些企业成立"人性设计中心"，提倡"现场第一主义"，企业在生产产品、提供服务时，将使用价值、文化价值和审美成分融为一体，避免雷同化，体现品质、流行与个性，充满人情味，赋予产品和服务人格特征，使顾客最大限度地体会到方便、舒适、自尊和享受。品牌经营置于人本旗帜下，一定是把顾客价值放在第一位，企业价值是在追求顾客价值最大化过程中实现的，顾客是"恒星"，企业是"行星"，行星总是围绕恒星在运行。当然，品牌的人本化也延伸至对整个人类的关爱。

二是在管理中体现为以员工为本，采用充满人性化的方法发挥全体员工的智慧和创造性。伴随着社会经济的变革与发展，人性化意识的增强，管理中的人本化水平直接影响品牌人本化含量，进而影响品牌的品级。在传统生产方式下，人与物均被视为无差异性的资源。事实上，在当今社会，知识成为生产的决定性要素，人是知识的创造者、使用者，人是最重要的资源，没有人的智慧与热情无法胜任知识集约型的工作。可见，品牌的人本化必须基于管理的人本化。许多事例证明，大凡品牌企业，都是将员工而不是资本和自动化技术作为创造品牌和提高生产率的最主要源泉。增强品牌管理的人本性，特别强调人的平等性，主张通过建立一套人本化的管理体制，强调在将人视为管理主体、塑造共同愿景的基础上，充分地尊重人、相信人，发挥人的创造性，使人有机会最大限度地实现自我、提升自我，张扬个性。当员工在共同愿景下，把理想、激情、个性和创造融入工作，通过企业的经营行为潜移默化地传递给顾客，传递给社会，才能进一步增加品牌的人性光辉。

（3）竞争进取精神。竞争性与进取性是品牌与生俱来的品格。竞争，从地球一有生物就开始了，林中树木拼命伸展枝叶，是为了争取阳光，以求长得挺直高大；动物拼命奔跑撕咬，是为了争夺食物，以图繁衍生存。"物竞天择，适者生存"。生物界的竞争以生物能否适应自然环境为淘汰标准，企业间的竞争则以能否自觉地适应顾客需求为淘汰的准则。美国哈佛大学教授迈克尔·E. 波特（Michael E. Porter）把取得竞争优势概括为三种通用战略：即成本领先、别具一格和集中一点。但是，随着竞争的深化，低成本和低价格的销售策略逐渐使得各竞争企业间的产品趋于同质化，产品价格之间的差别越来越小，消费者追逐的价廉物美中的价廉越来越失去竞争的实际意义；物美（包括服务），即产品造型、企业形象则成了竞争中举足轻重的砝码。品牌是市场经济条件下竞争的产物。品牌代表着不懈努力、争创第一的市场竞争意识，代表着居安思危、超越自我的进取精神。任何国家、任何行业的品牌企业都把追求卓越、超越对手作为品牌文化的核心内容。当然，超越对手并不意味着采取违规手段打倒对手，而是谋求既竞争又合作，获得共同发展，这是一个品牌应有的竞合观和双赢观。

（4）品牌审美意识。品牌审美意识源于消费者的内在审美需要和生产者的审美价值观。美是一种价值，它能满足人的某种需求和愿望，能激发人的肯定性的态度和情感，带给人身心的愉悦和精神的享受。审美需要本质上是精神享受的需要，它基于人的本性，基于人的感性生命的存在和运动。审美需要伴随着人们物质生活水平的提高和文化修养的提升，变得越来越强烈、越来越丰富。精神追求的最高境界是审美价值的追求。墨子曰：食必常饱，然后求美。美国现代经济学家加尔·布雷思（Gal Braith）称我们没有理由主观地假定科学和工程上的成就是人类享受的最终目的。消费发展到某一限度时，凌驾一切的兴趣也许是在于美感。现代消费者追求的不只是产品的质感，产品给他们带来的便捷与舒适，他们希望产品能够从里到外地符合自己的情感和个性，体现自己的文化欣赏品位。品牌之所以能给消费者带来巨大的满足，原因是品牌中具有审美价值，使顾客享受审美体验。品牌审美价值不仅停留在满足个别顾客的审美需要上，而且符合社会长远利益。创造更加美好的自然生态环境和人类生活环境，是品牌更高层面的审美价值。

从广义来讲，品牌所体现的审美价值是指，包括产品的内在品质、使用功能、外观款式和包装装潢等全方位内容的统一体。有的产品原材料好，具有很高的使用价值，但其他方面黯然失色，难以适应审美需求。审美性是凝聚在产品最深处的人类智慧和创造力。它不是以一般实体形态的形式存在，而是渗透在品牌历史、品牌商标、工艺设计、专有技术、生产组织、包装广告、营销策略之中。每一个真正的品牌都有一部传奇史，通过各种手段、形式，发掘、宣传其传奇故事，以提高其文化品位。它的意义与影响，有时甚至超过了产品本身的使用价值。可口可乐的价值不仅在于它执世界无形资产之牛耳，更在于它的配方工艺、推销策略本身就是一部神话。可以说，每一个品牌都有美的形态、美的内涵、美的故事，这就是品牌文化的审美性。人的审美需要促使企业自觉遵循美的规律去创造品牌，使其兼具实用价值和审美价值。市场竞争越来越使同类品牌的发展在成本、使用效能上趋于一致，品牌的竞争力日益体现在它的审美价值上。

3.1.7 品牌成长阶梯

企业的牌子分为标识、名牌、品牌、强势品牌四个层次。其发展也相应经历了四个阶段。

（1）标识阶段。产品仅仅是有了一个牌子。在消费者看来，这个牌子并不代表什么特别的东西。由于定位、营销等方面的失败，这个牌子或者没有让消费者了解，或者没能唤起潜在消费者感情的共鸣，总之，没有成功找到消费者的情感依托，没有进入他们的头脑。这个牌子只具有品牌六个含义中的一部分，如属性含义、利益含义，还不具有文化含义、个性含义。从理论上说，牌子只具有品牌的形成和品牌的象征符号，不具有品牌的本质和品牌的效应。

（2）名牌阶段。企业已经成功地在某一点上打动了潜在消费者，让他们记住了牌子名称，并成功地为产品树立了一个良好形象，牌子已经拥有了较高的知名度，但尚未形成稳定的品牌偏好度和品牌崇信度。它具有了品牌六大特性中的大部分，使用者在这一特性上表现不稳定，大众一拥而上的跟随使用，使得它难以明确界定特定的使用者，也使其在价值和个性上非常模糊，也不够扎实。也就是说，企业在品牌深层内容的开发上，还做得比较薄弱。名牌层次与真正品牌的区别在于品牌的本质，即是否清晰界定和管理了品牌内在的价值、个性和文化。由于没有形成稳定的品牌偏好度和品牌崇信度，中国不少企业陶醉在名牌虚假的光芒中，急功近利、盲目扩张，会成为教科书上关于企业失败的典型案例。

（3）品牌阶段。企业只有通过有目的的设计、科学的营销管理、有序的宣传推广，通过对与消费者关系的有效管理之后，才能使其拥有属性、利益、价值、文化、个性、使用者六方面清晰的含义，从而达到一个品牌应有的完整内涵。发展相应的品牌价值，到了这一层次，品牌将成为企业的宝贵资产之一，成为其走向新市场的通行证，企业将获得扩大规模、降低成本的经营利益。企业可以在适当时机扩展产品线，在价格大战到来时，可保护企业免受冲击或降低风险。

（4）强势品牌阶段。如果企业始终坚持品牌经营的法则，不断改善管理水平，不断拓展企业的销售范围，不断改进产品，坚持提高企业的品牌价值，从而使企业的品牌有了很高的知名度和美誉度，很高的品牌崇信度，品牌联想力，以至于在某个产品上获得了领导地位，占有了某类产品的绝对市场份额。企业到达了品牌经营的至高境界——强势品牌。这时，自然有人将企业的品牌拿到全球更多的地方去生产与销售。企业可以在世界各国雇用当地最优秀的人，收购当地的工厂和产品，贴上企业的品牌销售。企业不用担心质量问题和管理问题，因为在长期的发展过程中，企业已经有了一套成熟、有效的质量控制体系和流程管理体系，使得问题基本可以被及时发现与解决，从而带来源源不断的利润。因此，强势品牌是品牌发展的方向。

3.2 品牌资产概念的界定

3.2.1 品牌资产理论发展历程

20世纪80年代出现的最重要的也是最为人所知的营销概念，就是品牌资产（brand equity）。此前，它只是经营者们在实施品牌战略时所使用的一个词，企业经营者们都认为品牌资产非常重要，但在公司的资产负债表和会计报表上，这项最重要的无形资产却无法得到体现。企业经营者认识到品牌资产重要性的真正突破是20世纪80年代之后。这一概念于80年代由广告公司最早使用，出现后便日益引起营销管理人员和学者的广泛兴趣和关注，并引发了对有关品牌资产的定义、测度及运行机制大量的全面系统研究。品牌资产研究之所以会成为营销实践人员和学者的研究热点，最主要的原因在于两方面：第一，财务方面的需求以及股东的压力要求给品牌赋予价值，而进入80年代以后频频发生的品牌收购、兼并案，显示了品牌真正的巨大资产性。又进一步要求承认品牌资产的存在并给予品牌资产正确的测评方法。第二，来自各行各业的频繁价格竞争压力要求企业更加重视品牌资产，建立强势品牌以谋求长远利益，同时可以避免价格促销对品牌资产本身所造成的负面影响。20世纪90年代初，《经济日报》举行"中国驰名商标"评选活动，以及后来比较有影响的北京名牌资产评估事务所借鉴金融界（Financial World）公司方法，从1995年开始每年发布和提供《中国品牌价值研究报告》，都表明品牌资产已开始为中国企业所重视。然而，品牌资产的概念引入中国后，由于对该概念缺乏全面、系统的了解，在使用过程中更是出现了种种混乱与问题。具体表现在以下三点。

（1）品牌资产评估方法的不统一。由于对于品牌资产概念理解的不统一，在中国目前还没有形成一种权威的具有中国特色的品牌资产评估方法。

（2）使用品牌资产概念的动机复杂。品牌资产概念的诞生，主要是为了便于企业更好地了解企业品牌的价值和更好地管理品牌。然而，有一些企业使用品牌资产的动机复杂，个别企业或品牌资产评估公司为利益所驱动，所发布的品牌资产评估报告具有较强烈的商业色彩，缺乏其应有的中立性和客观性。而这种非中立评估，甚至会激化企业之间的矛盾，并最终导致对品牌资产评估的反感。

（3）短期利益导向。现在，中国许多企业对于品牌资产概念的使用都仅仅着眼于品牌财务价值的评估或者只关心品牌的知名度，但很少有企业把品牌资产的概念真正用于品牌与消费者关系的管理，着眼于品牌价值的长期增长。

3.2.2 品牌资产的定义

在品牌资产起源的西方，迄今为止，对于品牌资产尚未形成一个广泛被接受的定义（Keller，1993；Teasand Grapentine，1996；Ehernberg，1997）。正如1993年凯林·凯勒（Kelin Keller）在《品牌战略管理》一书中所说："品牌资产概念的出现，对于营销人员既是一个好消息，也是一个坏消息。好消息是品牌资产提高了过去相对为人所忽视的品牌在整个营销战略中的作用，并引发了营销人员对于品牌管理的兴趣和研究人员对品牌研究的重视；但坏消息是不同人出于不同的目的对于品牌资产概念进行了大量的定义，结果却导致了对品牌资产概念理解的混淆甚至误用"。因此，对品牌资产概念进行系统的回顾和研究本身具有重要的意义，可以使目前比较零散的各种品牌资产概念更加系统化，使品牌资产的概念得以正确理解和深化，并为品牌资产评估提供基础。

  品牌资产（brand equity）概念是从国外引入的。因此，在剖析品牌资产的概念之前，有必要说明其中文翻译用语及其英文原意。在国外，除了 brand equity 外，还存在一个与 brand equity 相近的概念——品牌财产（brand asset）。有人却将 brand asset 译为"品牌资产"，但 brand asset 是一个基于会计学的财务概念，保留着较强烈的财务意义，将其理解为品牌财产似乎更贴切。品牌财产（brand asset）一词较早使用、含义较窄，在西方有关文献中已越来越被 brand equity 所替代。而国内有学者把 brand equity 译作品牌权益（范秀成，2000）也并不贴切，品牌权益从字面上看则较强调自我利益为中心，并不符合品牌资产理论的概念内涵，没有体现品牌的实质是品牌与消费者的关系，难以用于品牌具体管理。将 brand equity 译为品牌资产（不主张品牌资产与 brand asset 对应）是较为合适的：(1) 体现了品牌的财务价值；(2) 体现了品牌是会成长增值的；(3) 强调了品牌管理者的责任，有效地管理好品牌，即处理好品牌与消费者的关系才能使品牌增值。

  为了对品牌资产有一个更好的理解，先来了解一下品牌资产（brand equity）的本义，即字面上的含义。根据韦氏词典，"equity"被定义为"1. 公平，公正；2. 资产净值或股东权益；3. 在法律上，象征着一种对等的原则"（1983：618）。从这些定义中，我们可以看到 equity 两个主要的含义，第一，强调净值或残值；第二，公平。公平很显然并非我们所关心的"equity"的定义。同样在韦氏词典中，"brand"则被定义为"1. 在盒子、桶等包装外的标志，主要是用来描述产品的名字或内容；2. 独特的东西"。因此，"brand"主要是指，生产商用来区别其产品的名字、标志或者设计，"brand"应该具有独特性。但在具体操作使用品牌资产这一概念时，不同的使用者仍然可能有自己不同的理解，从而导致品牌资产形成不同的定义。因为品牌本身虽然是有形的，但是它所提供的服务在本质上却是无形的，所以，品牌资产仍应归入无形资产一类（Cobb-Walgren and Rube and Donthu，1995）。

那么，应当怎样正确地理解品牌资产这个概念？坦率地说，迄今为止，尚没有一种被所有品牌理论研究者和企业经营者所接受的概念。但归纳起来，比较有代表性的主要有四种观点。

（1）品牌资产就是与品牌名称、品牌标志相关联的一组资产，它有助于提高品牌所附着的产品或服务的价值。品牌资产的构成包括：品牌忠诚、品牌质量认知、品牌识别和品牌联想及其他附属要素。

（2）品牌资产是一种超越生产、商品、所有有形资产以外的价值。

（3）品牌资产是一种超越商品有形实体以外的价值。它是与品牌名称、品牌标识物、品牌知晓度、品牌忠诚度相联系的，能够给企业带来收益的资产。

（4）品牌资产就是顾客、渠道成员、母公司对于品牌的联想和行为。这些联想和行为使得产品可以获得比在没有品牌名称的条件下更多的销售额或利润，可以赋予品牌超过竞争者的强大、持久和差别化的竞争优势（美国市场营销科学研究院的定义）。综上所述，品牌资产是与某种品牌名称或标志相联系的品牌资源或保证，能够为提供这种产品或服务的公司以及购买这种产品或服务的顾客增加价值或减少价值。

3.2.3 品牌资产的作用

3.2.3.1 获得竞争优势

企业拥有品牌资产是塑造企业核心价值取得竞争优势的重要途径之一。核心价值会形成企业巨大的竞争优势。品牌是使无差异性产品与众不同、引人注目的有效手段。例如，两件材质相同、做工相似的运动服，其中一件上面印有品牌，就会远远比没有任何品牌或普通品牌的运动服更受欢迎。强势品牌资产的企业、更有利于获得市场中的竞争优势。例如，企业品牌产品进入新的市场，扩大市场份额，增加品牌延伸空间，在分销渠道中能起到杠杆的作用，给竞争对手设置进入壁垒。同时，作为市场销售渠道要素的批发商和零售商在作出进货决策时，在考虑价格、质量、功能等基本因素的基础上，品牌状况也是他们考虑的重要因素之一。

3.2.3.2 获得稳定收益

品牌资产具有价值，可以帮助公司从以交易为基础的推销模式转型为以关系为基础的营销模式，使企业的销售变得简单。企业在始终如一的根据其品牌承诺传递价值时，在无形中创造了品牌忠诚，造就了一个稳定的消费群体，增加了品牌产品的销售量。拥有强势品牌资产的企业，有利于在未来获得稳定的收益。一个强势品牌资产给所有者带来的价值，最终将体现为带来的未来收益或现金流。品牌资产可以增加企业的边际现金流量，提高营销计划的效率和效果，有助于提高产品价格，增加边际利润。在品牌力、市场环境等因素保持不变的假设下，强势的品牌资产是企业获得未来稳定收益的源泉之一。

3.2.3.3 获得溢价收入

品牌资产具有价值可以为企业带来品牌溢价，使企业享受较高的利润空间。在激烈的市场竞争中，当消费者形成鲜明的品牌概念后，价格差异就显得不那么重要了。如果再给不同品牌赋予特殊的个性，这种情况（价格差异不重要）就更为明显。强势品牌的高利润空间尤其在市场不景气或削价竞争条件下，表现出了重要的作用。事实上，这种优势不仅得益于通常我们认为的规模经济，更重要的是来自消费者对该品牌产品价值的认同，也就是对价格差异的认同。强势品牌产品的定价将高于弱势品牌产品的定价，而且往往在很多情况下，这个溢价会是一个很大的数目。同时，在目前众多的企业收购案例中，企业的收购价格也反映了品牌价值的巨大作用。

3.2.4 品牌资产的特征

（1）品牌资产没有实体形态，并需要依赖一定的载体来实现。这一特征与无形资产特征中无形性、依附性相一致。品牌资产的存在需要依赖于一定的物质载体来表现，这些载体包括图形、标记、色彩、质量、性能、服务、价格等。

（2）品牌资产可以有偿转让。在对品牌资产进行科学评估，并得到买卖双方的认可后，品牌资产与其他资产一样，可以进行买卖和有偿转让。

（3）品牌资产是企业的一种长期资源。这一特征与无形资产特征中的长期性相一致。品牌资产的建设，是企业一项长期的工作。品牌资产是随着科研与创新工作的开展，通过与有形资产相结合创建并发展起来的，品牌资产是企业长期逐步培育积累而形成的，同时品牌资产在不断培育和建设中，还会不断增值。

（4）品牌资产代表的未来经济利益具有不确定性。这一特征与无形资产特征中"所带来收益的高度不确定性"相一致。由于技术创新、理念创新及市场环境多变等因素，会造成品牌资产未来流入企业的经济利益具有不确定性。

（5）品牌资产能为企业带来未来的经济利益。当品牌资产在市场上具有一定品牌知名度、品牌认知度、品牌联想度、品牌忠诚度时，这时的消费者愿意出比没有品牌产品更高的价格来购买具有品牌的产品，企业可以从这些产品的未来出售中获得经济利益。

（6）品牌资产的投资和使用具有交叉性。有形资产在使用中通过折旧的方式实现价值，而品牌资产需要在使用过程中对品牌进行持续投资和维护，根据市场情况的变化制定有效的策略，并持续投入相应的资源，以避免品牌资产贬值。要对品牌资产进行科学的管理和使用。例如，企业对品牌延伸和市场扩张的投入，会促使品牌资产不断增值。

3.3　品牌资产价值形成理论

由于消费者在消费活动中要满足其需要或爱好，因此，消费者需要消费商品和服务。效用可以分为总效用和边际效用。消费者从商品和服务的消费中能得到的满足感称为效用。总效用是指，消费者从商品和服务的消费中得到满足的总量。边际效用是指，每增加一个单位商品和服务所带来的增量。

效用价值论是指，以物品满足人的欲望的能力或人对物品效用的主观心理评价来解释价值及其形成过程的经济理论。该理论认为，商品的价值是用户的效用程度评价，用户认为能满足自己的效用，就有价值，否则就没有价值。不同的顾客对于同一商品会有不同的效用评价，这个商品就会具有不同的效用或价值，当商品具有高的效用时，就会被给出高的评价，该商品就具有高的价值；如果相反，则该商品就是低的价值甚至没有价值。消费者之所以愿意购买某种商品，是由于消费者发现该种商品的价格低于或等于其拥有的效用。

我们可以从两个方面对西方经济学中所提出的物品的效用进行说明：一方面，是指物品的实际效用，实际效用由物品本身的使用价值得以说明；另一方面，还包括物品的感知效用，感知效用以物品对消费者的影响来说明。在现实生活中，品牌的实际效用和品牌的感知效用可以进行比较，从而形成消费者感知品牌的效用价值，即消费者剩余，表现为消费者购买某品牌的产品与服务所获得的实际效用与消费者购买该品牌产品与服务所期望获得的效用之差。如果消费者获得了一个正向的效用差值，即这个实际值大于期望值，说明这个品牌对于一个具体的消费者而言存在着效用价值，亦即存在着消费者剩余。如果消费者剩余很小或为负向差值，则说明这个品牌对于一个具体的消费者而言存在着很小的效用差值或不存在效用差值，亦即少量存在或不存在消费者剩余。这时消费者剩余表现为零或负值，由此消费者会感觉不满意，甚至可能会出现不利于品牌的评价态度。对于消费者剩余很小的品牌或消费者剩余为负的品牌，会使消费者不购买，同时可能会形成负面的品牌舆论，进而形成品牌的负面效应。

根据马斯洛的需要层次理论，人类总有某些需要有待满足。一种需要一旦满足，便不再起激励作用，于是出现另一种有待满足的需要。随着社会经济、文化水平的不断发展，消费者的低层次需求已经或者基本上得到了不同程度的满足，他们现在有较高层次需求（主要包括心理需求和社会需求），并且他们具有一定的满足较高层次需求的支付能力。而品牌的存在就让消费者有了满足不同需要的可能。当一件产品具有了一个让消费者满意的品牌后，这个品牌的产品不仅可以实现产品的一般功能，从而满足消费者的一般需求，它还能满足消费者的特殊需求（如需求层次中的较高层次需要，主要包括心理需求与社会需求）而使消费者得到额外的效用，消费者愿意为此多付出货币，这就是品牌的价值所在。当品牌形象损害得非常严重,也就是品牌在消费者心目中具有恶劣印象时,品牌本身不仅不能满足消费者的特殊需求,反而会损害消费者的特殊需求。而品牌产品的价格不仅不会高于同类无品牌产品,反而会低于其他产品。在这种情况下,品牌的存在使产品发生折价,品牌价值将表现为负值。

为了使品牌价值能够很好地实现,我们需要注意,根据效用价值论,品牌价值的实现还必须满足一个前提,那就是品牌产品的定价不能高于消费该品牌产品而获得的效用,或者说,消费该品牌产品所得到的消费者剩余必须不小于零。

从效用价值论视角来分析品牌价值的形成是指,品牌带给消费者的特殊效用,由于品牌通过满足(或损害)消费者的相关需求,这种需求(如心理需求与社会需求)超过消费者对于产品的基本需求部分,从而增加(或减少)了消费者获得的效用。

3.4 品牌资产价值的含义及其构成

3.4.1 品牌资产价值的含义

从经济学角度分析品牌资产之所以具有价值,是因为品牌对产品的需求和供给发生了作用,同时品牌减少了交易成本。对于需求,由于品牌的存在,可以使一个产品在给定的需求量下达到一个相对高的价格,也可以使一个产品在既定的价格下产生更大的需求。对于供给,由于品牌的存在,顾客对品牌的认知和忠诚度的加强,可以使企业花费较少的转换成本就得到较大的销售量。大量而稳定的销售额,最终可以使企业获得规模经济。企业可以把与品牌有关的资产或价值转移到新的产品系列中。在产品更新换代日益加快的竞争环境中,对于产品的交易成本,由于品牌的存在可以明显地降低成本。品牌在建立过程中进行了大量有关公司和产品的信息宣传,加之明显的品牌标识,可以有效地减少消费者的搜寻成本,品牌产品比非品牌产品更关注其服务和质量保证,这也可以减少交易成本。

在现实经济活动中,在同一个市场中同等质量的产品会因为品牌的不同而有不同的市场价格。强势品牌产品的价格会高于弱势品牌产品的价格，这种因为品牌不同而形成的产品之间的价格差，给拥有强势品牌的企业带来了丰厚利润，品牌资产的市场价值并不取决于其成本价值。品牌资产价值不是静止的，会受到品牌综合实力和市场环境的影响。当品牌发展较好时，品牌产品的市场占有率就会提高，利润增加，品牌资产价值也随之上升；相反，当品牌实力出现下滑，品牌资产价值也会下降。同样，在市场景气或衰退时，品牌资产价值也会随之相应的发生变化。品牌资产价值是品牌竞争力的表现。在同类产品市场上，一个品牌的竞争力表现为开拓市场和占领市场的能力。将品牌在市场上表现出来的相对竞争力用相同货币单位来衡量，就有了品牌资产价值。以货币表现的品牌资产价值具有直观性、同质性和可比性。

对品牌资产价值的理解，我们应注意以下五点：（1）品牌资产之所以有价值，不是因为创造品牌资产要付出成本，而是由于品牌资产可以使其所有者在未来获得较稳定的收益。因此，不可以仅仅从投入的角度进行品牌价值分析，要考虑多种因素的影响。（2）品牌资产价值绝不在于其实际收益，而在于品牌资产创造未来收益的潜能。（3）品牌资产同时反映了产品价值和消费者价值，这是品牌资产非常重要的方面。（4）不可以夸大品牌资产的价值，要将品牌资产给企业带来的价值与其他无形资产的价值相区分。（5）同一品牌资产与不同的技术和渠道等结合会产生不同的结果，因此，品牌资产价值会受到品牌资产之外的其他因素的影响。

综上所述，并结合本书的研究角度，本书对品牌资产价值的定义如下：品牌资产价值是品牌这种无形资产的价值量化，是由企业、市场和消费者相互作用而形成的，即品牌资产价值是基于现有市场活动和兼顾品牌资产未来收益的一种综合价值体现。

3.4.2 品牌资产价值的构成

对于品牌资产价值如果从企业成本投入的观点来分析其构成，则反映不出品牌价值的不确定性等特点；同样，如果仅从市场角度或消费者角度来分析品牌资产价值的构成，也具有一定的单一性和片面性。因为单独从各自的角度去分析品牌资产价值的构成，都会割裂企业、市场与消费者之间的联系。影响品牌资产价值的因素很复杂，具有动态性与不确定性，鉴于此，研究品牌资产价值的构成应该从企业投入、市场和消费者相互融合的角度去考虑，给予全面、综合、科学的反映。本书对品牌资产价值的构成分析从以下三方面进行。

3.4.2.1 品牌资产企业投入人力价值

品牌资产企业投入人力价值是指，对品牌资产的各种货币形态和非货币形态的投入所形成的价值。从企业方面看，一个品牌从命名、设计、申请注册商标，直到培养成知名度较高的品牌资产，这些都需要企业大量的投入。品牌资产企业投入力价值，是由直接投入人力价值和间接投入力价值两部分构成。

（1）品牌资产企业直接投入人力价值，主要由品牌资产初始直接投入和品牌资产后续直接投入构成。品牌资产初始直接投入是指，品牌创立过程中，在品牌名称、标志、色彩、图案、包装、设计等方面的投入，品牌形象策划过程中的投入，以及在上述几方面的投入确定后，为得到法律保护而取得的商标专有权（商标申请、注册和变更）的费用，取得商标专有权后的制作印刷、运输、管理、库存等一系列的费用支出。品牌资产初始直接投入为增加消费者的总收益价值奠定了基础。

品牌资产后续直接投入是指，品牌所有者为加强品牌的市场控制力、扩大品牌资产市场知名度和美誉度而做的投入，包括广告费用、促销费用、产品宣传服务咨询费用、公益事业资助费用、公共关系费用、各项担保费用等。这些费用的支出可以对品牌的知名度和美誉度产生良好的影响，增加消费者对品牌资产的认知能力，从而产生接受该品牌产品或服务的超值因素。这能够培养消费者在获取商品超值价值之后，而对某一品牌的忠诚，产生重复购买行为，而且由于示范作用会产生社会效应，相应地提高品牌资产的市场控制力价值，并直接对产品的市场销售方式和销售规模产生影响。

（2）品牌资产企业间接投入人力价值，是指企业为提高品牌资产的市场运作能力所进行的投入，是企业在市场营销过程中为增强内部资源的配置效率、提高外部环境的适应能力、增强企业市场竞争能力和市场运作效果的一种投入，即企业为提高品牌资产价值所做的各种经营性的综合投入。企业的市场运作能力是企业综合素质的表现，是企业经营决策能力、市场营销能力、产品开发能力、资金筹措能力、资金运营能力、环境适应能力、生产制造能力、人力资源开发能力、组织运作能力等方面的客观表现。它全面地反映了一定时期内企业维持原有市场销售规模、开拓新市场的能力。品牌资产的间接投入价值对企业销售额的增加具有重要的影响。

3.4.2.2 品牌资产消费者购买力价值

品牌资产消费者购买力价值是指，企业为了建立、保持、发展该项品牌资产与消费者的长期关系，所进行的与此有关的各种投入，由此给消费者和企业带来利益的价值体现。

品牌资产消费者购买力之所以重要和有价值，根本原因在于：在品牌竞争时代，建立与发展消费者购买力需要很大的投入。例如，为保持老顾客所进行的跟踪调查、走访费用等。更重要的是，这种品牌资产消费者购买力一旦建立起来会给企业和消费者带来收益，具体收益如下：（1）减少未来市场的经营风险，可保持市场的长期稳定；（2）抵御品牌产品竞争者的攻击，缓解市场竞争压力；（3）降低企业品牌产品的营销费用。

随着生产的发展和产品的日益丰富，市场资源越来越稀缺，市场开发费用越来越高。而消费者购买力有利于留住原有的消费者。保持原有的消费者比吸引新的消费者所投入的营销费用要低得多。消费者购买力本身就是一种特殊的品牌价值。

3.4.2.3 品牌资产市场控制力价值

品牌资产市场控制力价值，也是品牌资产价值最主要的部分。因为企业为了获得并扩大品牌产品的市场控制力需要进行大量投入，同时，品牌产品对企业的价值、企业的市场控制力是非常重要的。一个品牌成为强势品牌，其知名度、美誉度、消费者信任度的提升，在企业之间进行兼并重组、品牌收购、品牌转让的过程中，购买方之所以买卖品牌是因为品牌资产具有市场价值。如果一个品牌资产不具有市场控制力或者这种控制力很弱，则这样的品牌不会引起购买者的注意。

品牌资产控制力的价值，一方面，来自品牌所有者从品牌控制力的行使和利用中获得的收益；另一方面，也来自从消费者中获得的收益：

（1）提高品牌产品的可靠性。产品之所以具有品牌资产市场控制力价值，是因为这类品牌产品已经得到大多社会公众的认可和政府相关部门的认可，消费者一般认为该类品牌产品更为可靠，认为可以减少自身的购买风险，所以消费者可以接受比一般品牌产品更高的价格。（2）可以满足消费者更高层次的需求。具有该类价值的品牌多为强势品牌，消费者在购买这些强势品牌时，不但可以获得产品的物理功能或使用功能，同时也在购买产品的声誉与威望，满足消费者自身的心理需要，消费者愿意支付相应的代价。这些都是品牌资产市场控制力的重要来源。

品牌资产企业投入价值是企业取得和发展品牌资产价值的各种投入，没有对品牌资产的各种投入，也就没有品牌资产价值。品牌资产消费者购买力价值的基础是消费者，而建立、维持并发展与消费者的长期关系主要依赖于品牌资产市场控制力价值。所以，品牌资产价值的三个部分相互作用，共同构成品牌资产的价值。

3.5 品牌资产的结构

品牌资产由品牌忠诚度、品牌诚信、品牌知名度、品质认定、与品质认定相关的品牌联想和其他一些相关的品牌资源——商标权等构成。

3.5.1 品牌忠诚度

品牌忠诚度是指，受产品或者服务的质量、价格等因素的影响，消费者对特定的品牌产生感情依赖，并表现出对该品牌的产品或者服务有偏向性的行为反应。

3.5.1.1 品牌忠诚度的类型

品牌忠诚度应包括两方面的内容，行为忠诚度和态度忠诚度。行为忠诚度是指，消费者在实际行动上能够持续购买某一品牌的产品，这种行为的产生可能源于消费者对这种品牌内在的好感，也可能是由于购买冲动、促销活动、消费惯性、转换成本或者市场覆盖率高于竞争品牌等其他与情感无关的因素促成的。态度忠诚度是指，某一品牌的个性与消费者的生活方式、价值观念相吻合，消费者对该品牌已产生了情感甚至引以为豪，并将此作为自己的精神寄托，进而表现出持续购买的愿望和行为。可以用行为忠诚度和态度忠诚度的二维坐标，对消费者品牌忠诚度加以分析，如图3－1所示。

忠诚度矩阵模型将行为忠诚度和态度忠诚度分别划分为高、中、低三类，从而形成了九个区域的矩阵。把态度忠诚度高而行为忠诚度低的忠诚者定义为潜在忠诚者；相反，将态度忠诚度低而行为忠诚度高的忠诚者，定义为脆弱忠诚者；模型右上区域表示真正忠诚者。通过模型可以得出每一区域所代表的忠诚者的绝对数以及占样本总量的相对比例，统计出真正忠诚者、潜在忠诚者以及脆弱忠诚者所占比例，为企业了解品牌忠诚状况并采取具体的提高措施提供参考。

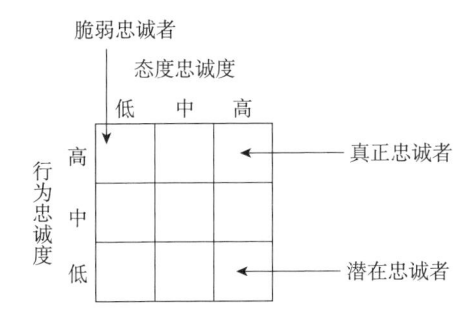

图3－1　忠诚度矩阵模型

资料来源：瞿艳平. 品牌管理学. 厦门：厦门大学出版社，2012.

按照忠诚度可以将顾客分成六类：（1）热心追随者——对产品与服务感到非常满意，完全认同企业的产品或服务，高度忠诚于企业，把自身当作企业的一部分，并热情地向亲朋好友推荐企业的产品或服务；（2）忠诚者——重复购买企业产品或服务，与企业保持较为紧密的关系，但比热心追随者更冷静，以一种更为客观的态度向企业提供信息；（3）唯利是图者——只选择最便宜或者最方便的产品或服务，可能经常因价格与便利问题更换供应商；（4）不自主者——顾客毫无选择余地或选择空间非常小，但又需要某些产品或服务，看上去似乎很忠诚，一旦有机会可能就会转向另一家企业；（5）流失者——因不满企业的产品或服务而流失的顾客；(6) 背离者——那些曾经对企业表现出超级忠诚，但对企业的产品或服务感到失望，企业又难以挽回的顾客，且他们渴望报复企业或要求赔偿，甚至极端无理取闹。

我们又可将顾客划分为超级忠诚、逆忠诚、非忠诚、伪忠诚等类型：(1) 超级忠诚顾客是指，那些对一个企业、产品或服务特别忠诚的个人或企业，几乎把自身认同为供应商的一部分；(2) 逆忠诚顾客是指，以前非常忠诚于企业，但由于感到失望而有意转向另一供应商；(3) 非忠诚顾客是指，对供应商的产品、服务或品牌没有忠诚倾向的个人或企业；(4) 伪忠诚顾客是指，因为别无选择，只能成为某一品牌或供应商的顾客，因此，一旦有机会，就可能另外选择品牌或供应商。

3.5.1.2 品牌忠诚的价值

留在企业的时间越长，顾客越有价值。长期顾客会购买更多，对价格越不敏感，公司同其交易时所花费的时间更少并带来新顾客。忠诚顾客带来的价值为以下六点：(1) 减少争取顾客所需要的成本。为把新顾客吸引到企业中来，企业必须先投入资金，如针对新顾客展开的广告宣传、向新顾客推销所需的佣金、销售费用等。而针对现有顾客展开营销，成本显然要低得多。(2) 增加基本利润。一般来说，顾客支付的价格要高于企业的成本，其差额就是利润。显然，留住顾客的时间越长，赢得这一基本利润的时间越长，那么，企业为获得这一顾客所进行的投资越有意义。(3) 按顾客数量计算的人均营业收入增长。在大多数行业中，顾客的消费量会随着时间而增加，不但会继续购买原来需要的产品，而且可能会购买企业的其他产品。(4) 减少营业成本。顾客逐渐熟悉一个企业后，就会降低交易费用；同时，顾客通过与企业员工的交流，会产生巨大的购买力优势。在大多数行业中，忠诚关系表现在成本上的益处经常直接反映在长期顾客和长期雇员之间的相互交往及相互学习上。(5) 顾客间口碑相传。长期的顾客关系还可表现在，如果顾客满意，就会向别人推荐，而且根据现有顾客推荐而找上门来的顾客，往往质量会比一般顾客更胜一筹。(6) 价格优势。在大多数行业里，忠诚顾客支付的价格实际上要比一般顾客高。因为，促销的折扣价往往只对新顾客有效。另外，老顾客熟悉公司的办事程序，也了解它的所有系列产品，公司也可从这一买卖关系中获得额外的价值。

除了以上讨论的品牌忠诚价值以外，顾客终身价值（customer life time value）对企业也非常重要。顾客终身价值就是顾客在其作为企业顾客的购买周期（对企业忠诚的"寿命"）内对企业的贡献总值。其数学公式：

$$LV_i = T_i \times S_i \qquad (3.1)$$

在式（3.1）中，LV_i 代表顾客 i 的终身价值，T_i 代表顾客 i 的购买周期或寿命（以年为单位），S_i 代表顾客 i 年平均消费值。对一家酒店来说，如果一个顾客平均每月消费一次，每次平均消费 500 元，一年的消费就是 6 000 元，如果企业能够维持这名顾客 10 年的关系，那么，这名忠诚顾客的终身价值就是 60 000 元。

不同行业、不同企业可以根据自己顾客可能的"寿命"周期，来计算顾客终身价值。从顾客资产评估、会计核算角度来看，还需要对顾客终身价值进一步量化。即除了要考虑顾客作为企业顾客的时间周期，还要考虑企业的贴现率（顾客价值要折现），每个时间周期内顾客购买某产品品类的频数，顾客购买该企业某产品的平均贡献，顾客购买该企业某产品的概率。这样，顾客终身价值的公式就量化为：

$$LV_i = \sum_{t=0}^{T} \left[(1+d)^{-t} \times F_{it} \times S_{it} \times \pi_{it} \right] \qquad (3.2)$$

在式（3.2）中，LV_i 表示顾客 i 的终身价值，t 表示选择分析的时间周期，T 表示企业计划的计算长度，d 表示企业的贴现率（资金成本），F_{it} 表示每个周期内顾客 i 购买某个产品种类的期望频数，S_{it} 表示在时间 t 内顾客 i 购买某品牌产品的期望支出份额，π_{it} 表示在时间 t 内顾客 i 每笔消费的平均贡献。这种量化的计算公式对于顾客数据库管理具有重要的意义。

顾客终身价值的意义在于，表达忠诚顾客对企业生存和发展的至关重要性和长远影响，以提高企业决策层和员工对忠诚顾客的高度重视，努力维系自己的忠诚顾客，提高忠诚顾客的维系度。

3.5.1.3 品牌满意与品牌忠诚的关系

在讨论到品牌忠诚时，我们经常会想到品牌满意，有些人认为品牌满意就是品牌忠诚,两者是否等同呢?下面来研究两者的关系。

1. 品牌满意的内涵

一般认为,品牌满意是指,在众多因素的影响下,顾客在购买前形成对产品品牌的期望价值,在购买和消费中(后)形成了实际的感知价值,顾客通过对这两种价值的比较后所达到的一种心理上的平衡状态。换句话说,品牌满意就是品牌期望价值与品牌感知价值的函数,用公式可以表示为:

$$B_s = F(E_v, P_v) = F[f(X_1, X_2, \cdots, X_n, y_1, y_2, \cdots, y_m), g(Z_1, Z_2, \cdots, Z_n, t)] \quad (3.3)$$

在式(3.3)中,B_s代表顾客满意,E_v代表品牌期望价值,P_v代表品牌感知价值,F、f、g代表函数关系,X代表货币投入、时间投入、机会成本等成本综合因素,y代表广告宣传、口碑、品牌形象、环境、承诺等其他非成本投入综合因素,t代表时间因子,Z代表各种感知的产品及服务的实际质量。显然,当$P_v \geq E_v$时,顾客就会满意或高度满意;当$P_v < E_v$时,顾客就会不满。

学术界对于品牌满意和品牌忠诚的关系一直存在争论。一些学者认为,品牌满意决定品牌忠诚,二者具有正相关关系。如科特勒(Kotler,1975)指出,维系顾客的关键是品牌满意,一个高度满意的顾客会忠诚于公司更久;公司可能流失80%极不满意的顾客、40%有些不满意的顾客、20%无意见的顾客和10%一般满意的顾客,但是公司只会流失1%~2%高度满意的顾客。哈斯克特(Hasket,1997)的服务利润链模型,也明确提出品牌满意直接导致品牌忠诚。奥利弗(Oliver,1992)却发现,满意度只有达到一定水平后,忠诚度才会迅速增加。赖克赫尔德(Reichheld,1993)也证实了奥利弗(1992)的发现,即品牌满意与品牌忠诚虽然存在正相关关系,但不是线性关系。托马斯·O.琼斯和小厄尔·萨瑟(Thomas O. Jones and Earl Suther,1995)研究表明,随着品牌满意度的提高,其忠诚度并不会呈线性增长,大多数研究人员或企业管理者低估了相对满意与完全满意之间的区别,只有完全满意的顾客才会保持对企业的忠诚,只有完全的品牌满意度才是企业增进品牌忠诚度与产生长期经济效益的关键要素。也就是说,只要品牌满意度略微下降,就可能导致品牌忠诚度的大幅度下降。所以,有的学者认为,满意分值只是提供了问题的有效预警，满意顾客并不总是比不满意的顾客更多地购买，也不一定比不满意的顾客更加忠诚。因此，他们得出结论，顾客满意和顾客忠诚是弱相关关系甚至无关。

2. 品牌满意与品牌忠诚的关系分析

上面介绍了一些学者对品牌满意与品牌忠诚关系的观点，他们从不同角度研究了两者的关系，但他们的观点都存在这样和那样的不足，而二者到底存在什么关系，笔者经过研究得出以下两点结论。

第一，在约束条件下的品牌满意与品牌忠诚的关系。当有约束条件存在时（垄断、转换成本、方便性、心理障碍等），顾客的情感忠诚并不能导致行为忠诚。换句话说，顾客的品牌满意和品牌忠诚是一种弱相关关系甚至是毫无关系。这里根据约束的强度又可以细分出许多情况，最极端的情形就是无限约束，之后是强约束、中等约束和较低约束等。根据约束强度从大到小，品牌满意和品牌忠诚之间表现出完全无关到极弱相关，再到弱相关等。例如，在完全垄断行业中，约束是无限的，尽管顾客很不满意，但是由于没有其他的供应商或替代品可供选择，即使是特别愤怒的顾客，也只好忠诚于唯一的厂商。在这样的行业中，顾客的品牌忠诚度和品牌满意度是毫不相干的，所有的顾客都表现为百分之百的忠诚。

第二，无约束条件下品牌满意与品牌忠诚的关系。正如前所述，我们得出品牌满意和品牌忠诚是弱相关或不相关的结论，而有些学者认为只有非常满意的顾客才表现出极高的重购率和口碑传播意愿，非常满意顾客的忠诚度是满意顾客的6倍。

笔者研究认为，在充分竞争和无约束（或者轻微的约束）条件下，品牌满意和品牌忠诚的关系实际上表现为不同供应商之间的竞争关系。换句话说，是不同供应商所提供给顾客的产品和服务的满意水平之间的竞争，即谁提供给顾客的满意度高，谁就赢得了顾客的忠诚。在充分竞争的市场环境下，大多数厂商提供的产品和服务在基本功能上的差别已经很小，即已经基本趋同，都能够满足消费者的基本期望，因而消费者大都能够获得基本的满足。在无约束条件下，消费者购买哪个品牌的产品都可以，在现实生活中表现为尽管许多顾客对他们以前获得的服务表示满意，但还是背离了原来的供应商，这一现象是符合市场经济的客观规律的。

有时候，由于供应商满足了顾客潜在的期望，因而能够给顾客带来愉悦甚至惊喜。换句话说，就是供应商提供给顾客的产品和服务是其他竞争者无法达到的，或者说他们提供给顾客更高的满意度，所以顾客在不同产品的多次消费比较中，选择了最优者作为忠诚的对象。由此可见，不是品牌满意和品牌忠诚的关系不强，而是较高品牌满意度才决定了较高的品牌忠诚度，它是竞争者之间比拼满意度的结果。而实际上，也只有少数非常优秀的企业才能提供给顾客比竞争对手更高的满意度，因此，才能够赢得顾客的忠诚。

当满意达到一定程度后，许多服务和功能超出了顾客的实际需要，加上边际效用递减规律的作用，因而再增加品牌满意度所带来的忠诚度的增加将会很小。这就告诉供应者，尽管要比竞争者更让顾客品牌满意，但是，也不可过分追求顾客满意，要把握适度原则。因此，有的学者提出只有100%满意的顾客才会对企业忠诚的观点是不现实的，追求超级完美的顾客品牌满意不仅是达不到的，而且即使达到也是无益的，其结果只会增加企业经营成本，降低利润。企业正确的做法是，如果竞争者提供的是80%的满意度，那么，企业提供85%就是明智的。

3.5.1.4 品牌忠诚度的测评

根据企业对品牌忠诚所关心的侧重点不同，可以将品牌忠诚度划分为消费者层面、企业营销层面以及竞争层面。本书主要从消费者层面来进行品牌忠诚度的测量。测量品牌忠诚度的方法有：一种方法是从消费者的实际购买行为出发，将消费者在一段时期对一个品牌的购买作为品牌忠诚度的测量标准；另一种方法是以认知理论（cognitive theories）为基础，通过对态度和行为两者的度量，来预测消费者再次购买同一品牌的概率，以此作为消费者品牌忠诚度，即从消费者行为与消费者态度两方面进行消费者层面品牌忠诚度的测评研究。后一种方法得到了学术界的普遍认同与广泛应用。

1. 行为忠诚测量

对消费者行为进行测量的指标有很多，常用的是货币测定指标、频率测定指标、顾客向他人推荐和介绍指标三大类。

第一，货币测定指标。从货币角度出发，可采用钱包份额指标计算。因为企业生存的首要目标是获取利润，它最关心的是消费者的钱包份额，指标具体计算公式如下：

$$钱包份额 = \frac{消费者对该品牌的购买金额}{消费者对所有该类产品的购买金额} = \times 100\%$$

钱包份额指标主要反映消费者钱包中该企业产品的份额，还表明被竞争者拿走的份额。由于综合了企业自身与竞争者的情况，所以有了这方面的信息，品牌管理者就可以调整策略，有的放矢地开展竞争；另外，这个指标也体现了购买频率和购买量的综合效果，对企业较具实际意义。

第二，频率测定指标。即从消费者购买频率角度出发，可采用"重复购买率"指标，具体计算公式如下：

$$重复购买率 = \frac{消费者对该品牌的购买次数}{消费者对该种类产品所有品牌的购买次数} \times 100\%$$

消费者对该品牌产品或者服务的重复购买次数越多，则其忠诚度越高，反之则越低，这有助于品牌管理者及早发现问题。如果一个顾客的重复购买率越来越低，说明该品牌对他的价值越来越小，这是消费者发生品牌转换的信号。企业应该及时查明原因，采取有效措施，防止顾客流失。可以说，重复购买率是企业经营效果的一个"预警"指标。

第三，顾客向他人推荐和介绍指标。具体计算公式如下：

$$顾客向他人推荐和介绍率 = \frac{消费者对该品牌的推荐和介绍次数}{消费者对该种类所有品牌的推荐和介绍次数} \times 100\%$$

一般情况下，对于自己所忠诚的企业，顾客十分愿意向其他消费者推荐和介绍，比如很愿意介绍自己使用该企业产品或服务的经验和所带来的方便、享受，希望与亲朋好友共同分享消费该企业产品或服务的快乐，介绍购买该企业产品或服务的渠道等。在一定时期内，顾客向周围的人推荐和介绍企业产品或服务的次数越多，说明他对企业的忠诚度越高，反之则越低。

2. 态度忠诚测量

对消费者态度忠诚的测量，一般采用以下六种方法。

第一，顾客对价格的敏感程度。消费者对价格都是非常重视的，但这并不意味着消费者对每家企业产品价格的敏感程度都相同。事实表明，对于喜爱和信赖的企业产品或服务，顾客对其价格变动的承受能力一般较强，即敏感度较低；而对于不喜爱和不信赖的企业产品或服务，顾客对其价格变动的承受能力较弱，即敏感度较高。所以，据此可以衡量顾客对某一企业的忠诚度。

第二，顾客对竞争产品或服务的态度。顾客对某一企业的态度变化，大多是通过与其竞争产品或服务的比较而产生的，所以，根据顾客对竞争产品或服务的态度，能够从反面判断其对某一企业的忠诚度。如果顾客对竞争产品或服务有好感、有兴趣，那么，就说明对本企业的忠诚度降低，购买选择时很有可能转向竞争产品；如果顾客对竞争产品或服务没有好感、兴趣不大，则说明其对本企业的忠诚度较高，购买指向比较稳定。

第三，顾客对产品质量事故的承受能力。任何一种产品都可能因某种原因出现质量事故，即使名牌产品也不例外。若顾客对某企业产品或服务的忠诚度高，则会以宽容和同情的态度对待企业产品出现的质量问题，不会因此而拒绝这一产品。若顾客对某企业产品或服务的忠诚度不高，即使是出现一般的偶然事故，顾客也会非常反感，很有可能从此不再购买。当然，运用这一标准衡量顾客忠诚度时，要注意区别产品或服务事故的性质，是严重事故还是一般性事故，是经常发生的事故还是偶然发生的事故。

第四，消费者对品牌的认知状态。这包括同类竞争商品中该品牌作为第一品牌先被联想的比例、无提示状态下对于该品牌的回忆率（即无提示知名度）、提示状态下对于该品牌的回忆率（即提示知名度）、传播该品牌的媒介状态与特征四个子指标。

第五，品牌在消费者心目中的地位。包括对产品的总体评价以及对产品各属性的综合性评价；与同类竞争品牌相比，该品牌在主要的产品特征方面给消费者的联想；与同类竞争品牌相比，该品牌主要的优势性特征；与同类竞争者相比，品牌个性、情感联想方面的表现。

第六，顾客购买选择的时间。根据顾客消费心理规律，顾客购买产品或服务需要经过挑选这一过程。一般说来，顾客挑选时间越短，说明对企业产品或服务的忠诚度越高，反之，则表明顾客的忠诚度越低。对于具有最高忠诚度的顾客来说，挑选几乎不需要时间，往往是指定品牌购买。

3.5.1.5 品牌忠诚度的培育

培育品牌忠诚度是一个极为复杂的系统工程，每个企业应根据企业自身的具体情况和特点，创建适合自己的品牌忠诚体系，以适应激烈的市场竞争环境。

1. 提高顾客让渡价值，通过顾客满意来实现顾客品牌忠诚

顾客满意是顾客品牌忠诚的基础和前提。对于企业来说，要想使顾客满意，就要比竞争对手向顾客让渡更大的价值，只有不断地提高顾客购买商品所得到的包括产品价值、服务价值、人员价值和形象价值在内的顾客总价值，降低顾客购买商品所付出的包括货币成本、时间成本、精神成本和体力成本在内的顾客总成本，从而不断提高顾客让渡价值，促使顾客对产品和企业产生良好的感知效果，才能实现顾客满意的目标。

2. 提高转换成本，加强顾客品牌忠诚

转换成本是指，顾客因转换服务企业而发生的成本，如果他们继续保持现有企业服务关系，那么，这种成本就不会发生。随着转换成本的提高，顾客对满意度的敏感性降低。由于转换成本使顾客在转换现有企业过程中感知较高的成本，因此，其在顾客维系中发挥着重要的作用。由于转换成本的存在，顾客满意与顾客忠诚通常会呈现不同的转换关系特征。因此，我们所观测的顾客忠诚或许是因为顾客满意；或许是因为顾客对某种类型服务不满意，但由于顾客在该种服务中存在相对较高的转换成本，使顾客难以转换现有企业。同样地，我们所观测的顾客非忠诚可能是因为顾客不满意，也可能是因为满意的顾客拥有较低的市场转换成本，能够比较容易地作出转换行为的决策。转换成本对顾客满意与顾客忠诚关系的调节作用受市场结构的影响。如果市场只有垄断经营商，那么，转换成本对顾客满意和顾客忠诚之间关系的调节作用将很小。另外，当市场中可供选择的企业很少时，转换成本就会变得十分重要。由于顾客不满意可以随时转换服务企业，因此，在转换成本较低时，我们很难看到真正的忠诚者，但是，我们会发现许多满意而不忠诚的唯利是图者，因为较低的转换成本使这些顾客轻松作出转换决策。由此，当顾客对企业的满意度较低时，企业可以构造不同的转换成本来维系现有顾客。对于在通常情况下能够满足顾客，但是偶尔会遭遇服务失败的企业，转换成本则提供了一种防止顾客背叛的保证。

3. 培养忠诚的员工，赢得顾客品牌忠诚

没有忠诚的员工，就没有忠诚的顾客。要想提高顾客的品牌忠诚度，留住顾客，企业员工至关重要，特别是与顾客直接接触的第一线员工，他们代表企业的形象，是企业的窗口。他们的一言一行都影响消费者的情感，他们可以为企业赢得顾客的品牌忠诚，也可以让顾客转头就走。所以，企业要致力于培养以顾客忠诚为导向的员工。

4. 提供差异化的产品，建立顾客品牌忠诚

为顾客提供产品的量身定制，以创造、满足顾客的个性化需求为重点，建立顾客忠诚，也就是以顾客个性化的价值观为导向，为顾客创造增值。不同顾客的价值取向可能会有很大的差别。例如，有些顾客希望自己能够获得关注，而另一些顾客则倾向于获得更多的信息。信息沟通的迅速发展，使企业可以迅速了解客户的需求和偏好，为建立顾客忠诚创造了条件。企业只有尽可能地满足每个顾客的特殊需求，与顾客建立起长期稳定的交易关系，才能使企业在与顾客的长期交往中获得更多利润。

5. 提供优质的服务，获取顾客品牌忠诚

在产品同质化的今天，良好的顾客服务是建立顾客品牌忠诚的最佳方法。优质的产品和适宜的价格虽然会影响顾客的购买决策，但这两个因素极易被竞争对手模仿和复制，而高质量的服务却是难以复制的，它是构建企业持久竞争优势的决定因素。因此，企业的服务态度、员工的精神面貌、回应顾客的速度及良好的售后服务、配送及时等都是企业获取顾客忠诚的重要因素。

企业的服务有时难免会失误，服务的失误会伤害顾客的感情。此时，必须及时采取补救措施给以补偿，如用道歉、送礼物、免费提供额外服务等办法向顾客真诚表达自己的歉意，以重新赢得顾客忠诚。

3.5.2 品牌诚信

3.5.2.1 品牌诚信的定义

在中国传统文化中，"诚者，天之道也""诚者，人之道也"。作为"天之道"，"诚"是自然界所固有的状态和规律，是自然本性的真实流露；作为"人之道"，"诚"是人的真实无欺的品德、原则和规律。而"信者、诚也""有所许诺，丝毫必偿，有所期待，时刻不易，所谓信也"。诚与信不可分割，互为表里、兼具神形，诚是里，信是表；诚是神，信是形；诚是根基，信是外貌。信必然是有诚之信，诚当然是有信之诚。

西方文化中的诚信也有信守承诺的意思，要求作为契约关系当事人的双方信守承诺。可见，古今中外的诚信都是一种关于人们诚实不欺、信守诺言的人格要求、行为准则和制度规范，具有道德、法律和经济的多重含义。道德意义上的诚信既是实话实说的人格品性，也是守诺践约，言必信、行必果的行为规范；经济学意义上的诚信，则要求人们在经济关系中讲信誉、守承诺，认真履行契约义务、积极承担合同责任，童叟无欺、有借有还就是经济诚信的通俗表述。法律意义上的诚信，不仅要求人们在立法过程中体现真与善的基本精神，也要求人们在司法实践中重事实、讲证据、说真话。现代社会的诚信是对传统诚信的综合、提炼和升华，是主观和客观、知和行的统一，也是道德诚信、经济诚信和法律诚信的统一。

品牌诚信是指，企业在经营活动中诚实守信，如履行合同、信守承诺等，并将这种诚信理念贯穿于品牌战略的全过程，创造出被消费者信赖并长盛不衰的强势品牌。市场经济是建立在严格的契约基础上的信用经济，它要求经济主体遵守规则，诚实守信。

3.5.2.2 品牌诚信的特征

品牌诚信有以下四点特征。

（1）品牌诚信的建立过程具有非重复博弈特征。如果说人与人之间或企业与企业之间产生诚信是以重复博弈为基础的（重复博弈也可能产生完全相反的结果），那么，品牌诚信则更多地表现为非重复博弈。在买方市场条件下，这种特征非常明显。消费者在交易过程中，为搜集信息付出了较高的时间成本和体力成本、精力成本，如果购买到的商品价格远远超出它的价值或者说消费者得到的让渡价值较低，那他就会转向其他厂商，以寻求更多的让渡价值，此时消费者会对交易方失去信任。这种交易一般只进行一次。消费者一旦失去对交易方的信任，要转变他的态度就非常困难。因此，品牌诚信与其他类型的诚信建立途径是不同的，一般不具有重复博弈的特征。

（2）人际信任对品牌诚信的影响大于社会信任。从理论上说，品牌诚信属于社会信任，消费者通过相关的市场机制和交易合约，在与企业的交易过程中产生信任关系。在社会信任度较低，社会信任无法正常发挥作用的情况下，人际信任成为人们对品牌产生信任的重要途径。通过人与人的交往以及交往对象对某一品牌的信任影响其他人产生对同一品牌的信任，这主要是指家族信任之外的人际信任。这种信任使他们很乐意分享消费经验，从而形成某一品牌的口碑，忠实消费群体也就由此产生了。

（3）品牌战略与诚信互为因果。有学者认为，诚信是品牌战略的基石，这一表述只说对了一半，事实上，一方面，品牌战略要以诚信为基础；另一方面，品牌战略又能促进诚信。强势品牌以其卓越的品质体现品牌形象，无疑会增强品牌的诚信度。从消费者行为来看，理性的消费者会根据品牌来选择商品，这类消费者在我国已越来越多。在这种情况下，品牌成为信任的前提。

（4）交易设施对品牌信任产生重要影响。张维迎在对消费者信任调查的分析中认为，交易设施对信任产生正面积极的影响。张维迎所说的交易设施主要是交通设施和信息传播。这种理解并不全面，交易设施还应该包括一系列为营销服务的组织机构，如广告代理机构、代理商等。交易设施对信任的影响，同样适用于品牌信任的形成。

销售商是交易设施的重要组成部分，销售商的诚信直接影响企业诚信。目前，一些销售商为了自身利益不择手段，不惜牺牲消费者的利益，伤害消费者的感情。在实际操作中，企业生产的产品通过经销商、代理商到达最终消费者手中，如果他们不能将生产商的信息准确无误地传达给消费者，那么企业形象就会受损，企业诚信度上就会产生危机。在交易设施中，广告代理机构也是其重要组成部分之一。目前，部分广告在一定程度上存在诚信危机问题。一方面，一些企业缺乏品牌意识，疏于品牌管理，错误地认为只要大打广告就能造就强势品牌；另一方面，一些广告代理机构在利益驱动下，充当虚假广告的急先锋，不顾一切地为某些产品进行鼓吹，这些不实广告已成为一种社会污染，是企业诚信的最大杀手。

3.5.2.3 品牌诚信的建立

品牌诚信建立的内容有如下七点。

（1）注重企业的伦理建设，树立诚信为本的经营理念。品牌诚信建设的关键在于企业领导者和高层管理人员。在企业品牌诚信建设中，企业主要负责人起着关键作用。企业领导者的遵纪守法、诚实经营可以带好整个团队，可以在企业中形成良好的道德氛围，可以给全体员工树立好的榜样。相反，企业领导者不诚实、不守信，搞欺诈行为，就会把企业引上绝路。品牌诚信应看作是企业的社会责任和应尽的义务，企业作为社会成员之一，应当承担起维护社会整体利益的责任。企业的守法诚信经营有助于提高全体社会组织、社会成员的道德水平，推动社会风气的净化和文明程度的提高，进而也有助于实现企业的可持续发展。

（2）从公司制度和治理结构上建立品牌诚信的物质基础。品牌诚信必须贯穿于企业日常经营行为和长期发展战略中，企业内部应建立严格的科学管理制度，建立监督及风险管理机制，保证诚信原则能够得到认真执行，这样才能有效地抵御一些利益的诱惑。在内部监督上，建立科学的制衡约束机制，防止个人专权、徇私舞弊，首先，是要健全完善的企业治理结构，防止形成内部人控制；其次，是决策程序要公开透明，重大事项要民主决策，在管理层形成监督制衡机制，防止个人独断；最后，是建立诚信经营的奖励制度，形成合理的激励机制与约束机制。

（3）创造品牌诚信的法制环境。诚信无价亦有价，诚信无价是指，诚信是金，是无价之宝；诚信有价是指，失信者应为其失信行为付出高昂代价，这个代价多高才算高？一直到其失信成本大于它的失信所得为止。因此，我国应该制定相关的法律，严厉惩治失信行为，建立失信约束惩罚机制。

（4）规范和整顿市场经济秩序。市场经济秩序是市场经济中不可或缺的要件之一。如果市场秩序混乱，游戏就没有规则，这时品牌不要说发展，就连维持也很困难。维护"公正、公平、公开"的市场经济秩序是政府的工作，但同样需要企业的共同努力，因为企业是市场的主体，企业行为直接影响市场秩序，对在行业中具有举足轻重作用的品牌企业更是如此。

（5）健全信用查询系统。品牌诚信要以大量信息为支撑，我国在企业信用体系管理问题上应借鉴发达国家的经验，尽快建立全国的信用信息库，尽可能减少信息不对称现象的发生。建立全国联网的企业信用查询系统，以保证消费者或客户及时、全面地了解企业信用信息。

（6）以企业信用体系保障品牌诚信。现代信用体系是指，企业能够履行与客户、社会约定的职责而取得的信任。企业信用体系建设具体包括制定企业信用标准、建立企业信用管理数据库、建立企业信用等级评审和公布制度三方面。从建立企业信用体系入手，在制度安排上为品牌诚信的建设奠定基础，使品牌诚信建设有章可循。

（7）以关系营销铸就品牌诚信。关系营销理论强调的是，建立企业与消费者之间的良好关系。这一理论对建立品牌诚信具有重要意义。企业在建立关系营销中应做到，以优质产品托起品牌诚信、以渠道诚信促进品牌诚信、以诚实广告传播品牌诚信。在向顾客提供产品和服务时，应考虑顾客可能付出的成本，尽可能向顾客提供方便的服务，时时与顾客保持沟通。与此同时，企业应清醒地认识到与顾客的关联性，与顾客保持良好的互动关系，及时对顾客的需求做出反应，在向顾客提供产品和服务中获得回报，达到双赢的结果。

3.5.3 品牌认知

3.5.3.1 品牌认知的定义

品牌认知是指，消费者对品牌的了解、记忆和识别，它包括品牌了解、品牌记忆和品牌识别三个子维度。品牌认知一是对品牌的了解，包括对品牌形式和内容两方面的了解，这是消费者的一个动态的品牌学习过程。二是对品牌的记忆，如果消费者仅仅对品牌有所了解是构不成品牌资产的，还必须有所记忆。品牌只有被消费者记住，才可能形成品牌资产，品牌记忆也包括品牌形式和内容的记忆。三是对品牌的识别，品牌形式的识别比较容易，比较难的是品牌内容的识别。品牌认知分为五种类型：（1）未提示知名度——未经提示对品牌的回忆率，有的研究人员将其再细分为第一未提示知名度和总体未提示知名度，前者更能反映品牌之间的竞争力；（2）提示知名度——经提示后对品牌的回忆率，同等比率情况下，品牌竞争力弱于未提示知名度；（3）认知渠道或媒体——认知该品牌的信息渠道及其媒体传播手段；（4）广告认知度——以广告传播品牌形象时，对广告内容的认知状态；（5）广告美誉度——以广告传播品牌形象时，对广告是否满意等情绪性的反应。需要注意的是，现代品牌的塑造已经频繁地使用了广告人物，人们对广告人物的认知占据了品牌形象的一定位置，广告人物的社会声誉与行为品德也构成了品牌形象的组合之一，品牌认知应该包含对广告人物的认知。

品牌认知的作用是消费者一般不会在对某品牌一无所知的情况下购买该品牌的产品，只有消费者对品牌的认知性越强，该品牌的资产在他们身上才会体现得越多。品牌资产在某种意义上就是市场对品牌认知的总和，即等于消费者认知人数（即知名度）与消费者平均认知深度的乘积。

3.5.3.2 提高品牌认知的策略

影响品牌认知的因素，包括品牌独特性、品牌传播、品牌行为、消费者经验、消费者需要和消费者特征等。笔者根据这些影响因素，相应的提出以下六个策略。

（1）塑造品牌独特性来提高消费者对品牌的认知。品牌形式的设计越独特，越容易引起消费者的注意和兴趣，而注意和兴趣是认知行为的前提。消费者对注意到和感兴趣的品牌，更有认知的积极性，也更容易记忆和识别。品牌内容的独特性则进一步加深了消费者对品牌的认知，如品牌产品的特色往往给消费者很强的刺激信号，使消费者容易感知和建立较深的印象。

（2）加大品牌传播力度来提高消费者对品牌的认知。品牌广告、品牌宣传、品牌展览和品牌促销等传播形式和传播内容，可以促进消费者对品牌的认知。品牌广告等传播的知识虽然是理性知识，不是消费者对品牌的直接感知，但可以大大提高消费者对品牌的认知效率。尤其是通过广告这样的大众传媒，可以在较短的时间内建立品牌的认知度。在广告中，广告语很重要，如能在广告中加入一句口号或顺口溜，会更容易让顾客回忆起这则广告。

（3）通过品牌行为来提高消费者对品牌的认知。品牌产品的定价、创新和品牌公司的行为，都影响品牌认知。

（4）通过增加消费者自身经验的积累来提高消费者对品牌的认知。品牌经验丰富的消费者，对某一品牌的认知比品牌经验缺乏的消费者更全面、更深入。大城市与中小城市相比，商业更发达、品牌更多，消费者的品牌经验也更丰富，因此，大城市的消费者对品牌的认知更多一些，认知积极性更高一些。

（5）通过加强消费者的需要来提高品牌的认知。消费者对某种产品的需要越迫切，对这种产品的品牌就越关注，品牌认知的积极性和品牌认知度就越高。

（6）通过消费者的社会特征、文化背景和个性来提高品牌认知。如消费者的理性程度影响品牌认知的积极性，理性强的消费者，更重视品牌认知，对品牌认知的积极性更强。

3.5.4　品质认定

3.5.4.1　品质认定的内涵

品质认定就是顾客在对竞争品牌进行各方面的对比和选择之后，对某种产品的整体质量和优点所形成的定论和概念。品质认定要根据产品自身的定位目标及其与一系列竞争品牌进行对比之后才能形成确定的概念。品质认定不同于满意度，一个顾客可能因为期望值很低而很容易满足，高品质认定并不与低期望值保持一致。品质认定是顾客对于某个品牌的一种无形的整体感觉，一般情况下是以与品牌相关的方面，如可靠性和功能为基础来对产品进行评价。品质认定可分为四种类型：（1）品质认知——产品的物理构成及其质量属性在心理上的反映。（2）档次认知——人们对产品品质及质量标准的主观评价。（3）功能认知——正常状态下人们认知产品所达到的功能与效果。（4）特色认知——与同类产品相比，认知该品牌具有独一无二的功能与效果。

3.5.4.2　品质认定的功能

品质认定有如下四个功能。

（1）品质认定影响市场份额。市场份额是企业产品在市场中竞争的结果，在其他因素可控的情况下，高品质的产品总会受到青睐并赢得较高的市场份额。

（2）品质认定影响价格。较高的品质认定可以使公司制定较高的价格，较高的价格可以直接提高利润率，进而更进一步提高公司产品的质量，赢得竞争优势。而且，较高的定价，可以进一步提高品质认定。

（3）品质认定除了影响市场份额和价格之外，还可以直接影响利润率。如果提高了品质认定后，即使价格和市场份额都不发生任何变化，也会提高利润率，或许是因为提高了认定价值后，挽留老顾客变得更容易，而挽留老顾客总比吸引新顾客花费更少一些。而且，提高了品质认定后，竞争的阻力也会相应减少一些，竞争压力也会减轻，无论如何，质量与投资回报率之间有直接的关系。

（4）品质认定可以提高顾客的让渡价值。较高的品质认定提高顾客购买的总价值，而顾客购买的总成本不变，从而提高了顾客的让渡价值。

3.5.4.3　影响品质认定的因素

影响品质认定的因素很多，下面讨论七个主要因素。

（1）产品的性能，有些顾客注重产品的使用性能，而有些顾客注重产品的经济和舒适。

（2）产品的特征，即独具一格的产品特征，也是该品牌的独特卖点（USP），能使企业的产品与竞争产品区别开来，以自己产品的特征来吸引顾客的注意力，同时，也反映出这个企业更关心顾客的需求。

（3）追求完美（即零缺点），这是对质量所持的一种传统的、以生产为指导的观点。追求质量完美，是每一个厂商的宗旨，企业应尽可能使其产品质量完美。

（4）产品的可靠性。这与产品行为保持一致，也可以使顾客连续购买，让顾客感到他们总能买到功能良好的产品。

（5）产品的耐用性，这反映出产品的经济寿命，即产品可以使用的时间。

（6）企业提供服务的可能性，产品在使用过程中出现质量问题，企业的售后服务部门能否及时、可靠地进行维修。

（7）产品使用时给人的舒适感，这是纯粹的外观或感觉。对于汽车而言，可以指车身油漆的平滑，车门缝是否严合、噪声大小，产品的这些细节却极有可能决定顾客对产品质量的判断。

3.5.4.4　品质认定的提升

高品质认定可以增加品牌资产，所以，如何提高品质认定是每个企业急需解决的课题。作者经研究提出如下六个措施：

（1）长期保证产品高质量。要较长时间持续地保持产品的高质量是很困难的事，只有公司将质量看作最高的信条，才能长期稳定地保持高质量，高质量是品质认定的基础。

（2）加强企业文化建设。对质量的承诺应该在企业文化中反映出来，企业应该有一套行为规范、价值准则来约束企业员工。

（3）注重顾客评价。企业要定期对客户满意度进行调查或者集体访问，了解顾客对其产品和竞争对手产品质量的看法。

（4）生产标准化的产品。口头承诺和实际提供服务之间是有距离的，正因为有距离，所以可以设定一定的目标，并将实现目标的过程纳入一个可操作体系。只有设定标准化操作体系，而企业又能按照标准化的要求去完成，才能保证品质认定。

（5）发挥员工的主观能动性。企业员工对企业的产品质量和形象的影响是比较大的，许多企业已经证明，通过团队合作，员工往往能够找到一种有效地提高产品质量的方法。

（6）满足顾客的期望。如果顾客的期望过高，他们就会认为产品的质量很低，所以产品质量和服务要超出顾客的期望。

3.5.5 品牌联想

品牌联想指，记忆中与品牌相连的每一件事，即一提到品牌名称，消费者脑海中出现的所有事物。品牌名称的价值在于一系列的联想，它是制定品牌决策和建立品牌忠诚的基础。品牌联想不是杂乱无章的，而是构成一个联想网络。根据心理学家提出的联想网络记忆模型（associative network memory model），人们头脑中的记忆是由一些结点（nod）和链结（connecting link）组成的网络。结点代表了存贮的概念或信息，链结代表了信息和概念间联系的强度。任何信息都可以存贮在这个记忆网络中，包括文字的信息、视觉的信息、抽象的信息和背景的信息。人们通过长期接触与企业品牌营销有关的信息，通过直接的消费经验或与他人的沟通等途径，在头脑中形成有关品牌信息的记忆网络。在品牌名称的外在刺激下，人们会激发头脑中已有的品牌联想记忆网络。

3.5.5.1 品牌联想的作用

品牌联想有助于消费者在购买商品前处理信息、提取信息以及产生购买的愿望;品牌联想可以实现品牌的差别化并对品牌产生积极的态度和感知;品牌联想是品牌延伸的基础。

3.5.5.2 品牌联想的类型

品牌联想的类型主要有八种:(1)词语联想——由该品牌先联想到的词语,一般采用前3个联想到的词语;(2)档次联想——直接评价该品牌的档次;(3)美誉度联想——该品牌直接引起令人喜爱或满意的情绪性反应及评价;(4)理想使用者——最适合消费该品牌的人的联想,是未来形象定位的重要依据;(5)理想形象——不考虑现实的条件与限制,人们期望该品牌的理想状态,是未来形象定位的重要依据;(6)品质联想——由品质联想到的信息,是品牌档次联想的补充;(7)功能联想——由产品功能引起的联想,是理想形象的补充;(8)消费缺憾——消费该品牌后联想到的消极评价及期望,是理想形象的补充。

3.5.5.3 品牌联想的结构

品牌联想结构一般分为六个维度,即联想总数量、与产品特性有关的联想、与产品特性无关的联想、喜欢程度、独特性以及联想信息来源,其结构如图3-2所示。

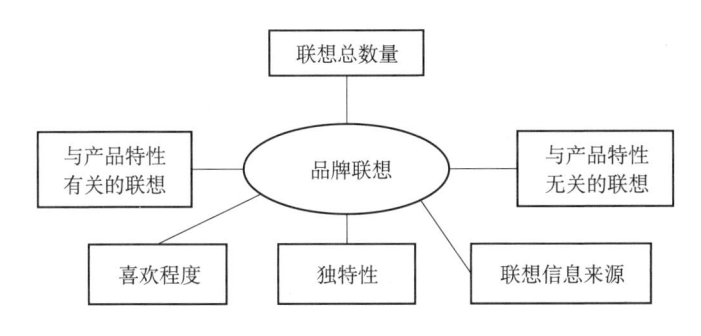

图3-2 品牌联想结构

资料来源:笔者绘制。

（1）联想总数量。联想总数量是指，品牌名称激发的联想总数，它可以反映品牌认知度的高低和联想的强度。经过长期宣传和推广，品牌在顾客头脑中形成一系列联想。一般而言，联想数量多，易于从不同角度激发品牌的相关信息，增加被选购的可能性。随着联想数量的增多，品牌记忆结构变得更为丰富，但也更复杂。总的来说，无论是新品牌还是老品牌，具有较多数量的联想是必要的。当然，只看绝对数量还不足以说明问题。不同的品牌虽然联想的数量相同，但顾客联想到的内容可能差别很大，因此，需要对联想内容分门别类进行统计，这样有利于明确品牌联想的具体结构。

（2）与产品特性有关的联想。品牌不能脱离具体产品（服务）而存在，与产品特性有关的联想反映产品能够提供给顾客的功能性利益和好处，形成产品的卖点，构成顾客购买产品的基本原因。产品特性常常是新产品促销计划的重点。

（3）与产品特性无关的联想。品牌是"用来识别产品或服务的，便于将其与竞争者区分开来的名称、词汇、符号、标志、设计或它们的组合"，其基本功能是区别产品。品牌作为识别产品的工具，能够提供给消费者产品实体功能之外的心理方面和精神方面的价值。品牌特别是名牌，不仅有利于降低购买风险，而且，顾客通过消费品牌产品表达自我，体现自己的身份和地位。与产品特性无关的联想在塑造品牌形象方面发挥着重要作用，也决定着品牌延伸的范围。与产品特性无关的联想，可以分为初级联想和次级联想两类。

（4）喜欢程度。顾客的品牌联想可能是正面的也可能是负面的，质量低劣、容易破损、保守、昂贵等是负面的联想，而勇于创新、物有所值、顾客满意等则是正面的联想。分析品牌联想的性质，可以判断顾客对品牌的评价和态度。达钦和史密斯（Dacin and Smith，1994）指出，消费者对品牌的喜欢程度也许是品牌联想中最重要的，是品牌强度或品牌权益的核心。广告理论文献中也指出，广告的目的是让顾客对品牌产生好的联想，产生好感。企业要尽可能多地树立好的联想，避免顾客产生不好的联想，或通过品牌营销减少并弱化负面联想。

（5）独特性。有关品牌的信息，是包括有关产品类别以及其他品牌信息的复杂记忆网络的一部分。在某个具体品牌的联想中，有些是与其他品牌共有的,而有些是独有的。品牌需要具有某些共有联想,以便人们能将它们正确归类,随着共有联想的增多,顾客购买的可能性增大,甚至会演变为某产品类别的代名词。但是,品牌作为识别产品的工具,需要具备独特性,因此,理想的情况是,品牌具有足够的共有联想,使得顾客可以快速而准确地将其归类;同时,又有独特性,能够将其与竞争对手的品牌区分开来。品牌联想的独特性,反映了品牌在产品类别中的形象和定位。品牌联想的独特性,可分为两个层次,与产品类别相比的独特性,以及与竞争品牌相比的独特性。

(6) 联想信息来源。分析联想信息的来源,有助于弄清品牌联想形成的途径,以及利用顾客现有态度预测其未来行为的可靠性。顾客的品牌联想可能来自直接的经验(使用或试用),也可能来自间接的经验(广告和口碑)。来自直接消费经验或使用经验的信息更准确而生动,对未来行为的影响更大。间接的来源又可分为企业可控制来源和不可控制来源,广告是企业可以控制的渠道,而口碑或口头传播是企业无法有效控制的来源。来自口碑的信息多,不仅可以起到免费宣传的效果,而且更为可靠。不同来源的联想,预示未来行为的程度不同。"当态度以对某产品的实际试用或使用经历为基础时,通过态度就能很好地预测行为;相反,若态度是以广告为基础时,态度和行为的一致性就明显减弱。"

3.5.6 商标

3.5.6.1 商标的定义

世界知识产权组织(World Intellectual Property Organization,WIPO)对商标的定义为,商标是用来区别某一工业企业、商业企业或这种企业集团的商品的标志。国际保护工业产权协会(AIPPI)在柏林大会上曾对商标作出定义,商标是用以区别个人或集体所提供的商品及服务的标志。在法国的《商标法》中则表述为,一切用以识别任何企业的产品、物品或服务的有形标记,均可视为商标。《中华人民共和国商标法》对商标的定义为:商标是指,生产者、经营者为使自己的商品或服务与他人的商品或服务相区别,而使用在商品及其包装上或服务标记上的由文字、图形、字母、数字、三维标志和颜色，以及上述要素的组合所构成的一种可视性标志。[①] 商标是区别商品或服务来源的一种标记，俗称牌子。商标的本质作用，是区别商品的来源或服务的提供者。任何能够将自然人、法人或者其他组织的商品或他人的商品区别开来的可视性标志，包括文字、图形、字母、数字、三维标志和颜色以及上述要素的组合，均可以作为商标注册申请。经商标局核准注册的商标为注册商标，注册商标有特定的标记；没有注册的商标为未注册商标，一般是不受法律保护的。

3.5.6.2 商标的特征

商标有如下三个特征：

（1）专有性，又称独占性或垄断性，是指商标所有人对其注册商标享有专有使用的权利，任何第三人未经商标所有人同意，不得加以使用。

（2）时间性，是指商标权的有效期限。在有效期限内，商标权受到法律保护；超过这个期限，则不再受到保护。

（3）地域性，是指商标所有人所享有的商标权，只能在授予该项权利的国家境内受到保护。

我们经常谈到商标时就想到品牌，那么，二者有什么联系和区别呢？

二者的联系为，品牌与商标都是用以识别不同生产经营者的不同种类、不同品质产品的商业名称及其标志。

二者的区别为以下三点：

第一，品牌是市场概念，是产品和服务在市场上通行的牌子，它强调与产品及其相关的质量、服务等方面的关系，品牌实质上是品牌使用者对顾客在产品特征、服务和利益等方面的承诺，品牌积累的是市场利益。而商标是法律概念，它是已获得专用权并受法律保护的品牌，是品牌的一部分。

第二，从法律的角度来说，通过商标来保护品牌积累的市场利益，所以品牌只有转化为商标，其积累的市场利益才能得到合法的保护。但品牌转化为商标，必须要支付一定的费用，有些企业不愿意支付这笔费用，其品牌就得不到法律的保护。

第三，从数量的角度来说，品牌和商标的数量是不等的，商标是品牌

[①]《中华人民共和国商标法》第八条。

的一部分,是品牌中获得商标专用权的那一部分。品牌要想做活、做长、做久、做远、做大,就必须转化成商标,只有获得合法的保护才能使品牌延续。

3.5.6.3　商标的功能

商标具有以下三个功能。

(1)认知功能,又称区别功能或识别功能。这一功能可以使消费者在众多的同类竞争的商品或服务中作出消费抉择。

(2)品质保证功能,又称质量或担保功能。它是指商品品质的同一性,即一定的或一致的质量水平或质量标准。品质的同一性,是商标信誉建立的基础。这既体现了商标所有者的利益,又符合消费者的利益。

(3)广告功能,这一功能是与前面两个功能,尤其是品质保证功能相联系的,商标是一种典型而又有效的广告工具。消费者通过特定的商标,了解特定的产品和服务;企业凭借商标来刺激并维持消费需求,具有潜在的促销功能,能诱发消费者再次消费同一品牌的商品。

3.5.6.4　商标管理措施

企业在商标管理方面应该做到以下八点。

(1)商标及时注册。在商品投放市场前,企业就应及时向商标管理部门申请注册,得到其商标进入市场的"通行证",否则后果不堪设想。《中华人民共和国商标法》规定了"注册在先"的原则,即商标的所有权属于该商标的首先注册人而不是首先使用人,因而商标抢注成为企业参与竞争的严重威胁。

(2)商标超前占位。第一,使用联合商标。联合商标指,同一商标所有人在同一种商品或者同类商品上注册若干个近似商标,注册联合商标不是为了使用每一个商标,其目的是为了保护正商标,防止他人注册近似商标。第二,使用防御商标。防御商标是指,驰名商标或者已为公众熟知的商标的所有人在不同类别的商品或服务上注册若干相同商标。企业把自己的商标占满34大类商品商标和八大类服务商标的每一个位子,从而其商标便取得了国内所有商品上的独家专用权,以防别人乘虚而入。

(3)商标境外注册。商标要进入国际市场必须在出口国先行注册,否则便不会得到该国的法律保护。为开拓国际市场，发展对外贸易，维护自己的合法权益，企业除了在本国进行商标注册外，还必须及时到贸易国注册商标。

（4）商标到期续展。《中华人民共和国商标法》规定，注册商标的有效期为 10 年。商标权利人在商标专有权期满后需办理续展，到期后不及时办理续展，该商标将被依法注销；如果他人借机抢注，商标所有权即会易主；若商标原主人继续使用，则属商标侵权。商标续展注册对企业而言是一个简单的法律程序，也是企业商标管理中的基本常识，只要企业在规定的时限内履行申请手续，一般都可以使专用权延续下去。造成企业不能及时续展商标的原因是多方面的，但其根本原因在于企业决策者缺乏必要的商标意识。企业如没有及时续展商标，就会使其累积的无形资产一夜之间消失殆尽，企业的未来发展也就变成了泡影。

（5）商标域名注册。域名是企业在互联网上的识别标志。企业在互联网上拥有域名，等于注册了一个规范的电子商标，可以有效地保护自己的公众形象和无形资产。一些全球驰名的大企业争相注册符合自己特征的域名，这些企业的域名与企业的名称或商标保持一致，无形中是在互联网上做广告。人们在互联网上可以很容易地找到这些企业的网址，检索到其所需要的信息，这些企业的名称、商标等无形资产也在电子空间中得到延伸。对企业而言，保护域名的最好办法是抢先注册。若企业的域名已被抢注，应迅速采取措施，通过合法途径及时进行补救。

（6）反商标淡化。商标淡化是指，商标显著性及其商标的内在价值，因他人的使用而弱化，影响了该商标在公众中的形象，削减了商标权人商品的销售力，是一种完全不同于传统侵权行为的侵害。商标淡化行为分为三类：其一为模糊，即指由于他人在非类似的商品上未经授权的使用，使某一商标的商品销售力和商标价值减少或减弱；其二为失色，即指由于侵权者相关的行为、不利的行为或丑化的行为描述某一商标，可能对其他商标引起负面影响的情形；其三为贬低，即指以贬损的方式来描述某商标的情形。

（7）使用统一商标，即商品生产者或商品经营者在其生产或经营的所有商品上统一使用一个商标。这一策略实质上是商标权人以其品牌实施商标权扩展或延伸的策略。这也是企业形成跨行业经营、企业集团化发展的共同经验。这样做的优点是：第一，有利于壮大企业的声威，提高商标和企业的知名度；第二，有利于节省广告宣传费用和商标设计费用；第三，有利于消除消费者对新产品的不信任感。

（8）商标的行政保护、司法保护。如果发生商标侵权事件后，商标权人可向侵权行为地县级以上工商行政管理机关检举，或者向人民法院提起商标侵权诉讼。《中华人民共和国民法通则》《中华人民共和国商标法》《中华人民共和国反不正当竞争法》《中华人民共和国刑法》《中华人民共和国产品质量法》《中华人民共和国合同法》《中华人民共和国消费者权益保护法》《中华人民共和国专利法》等法律法规中对商标的保护都做了规定。如新修订的《中华人民共和国商标法》具体规定了侵权赔偿的计算、诉前证据保全、诉前财产保全制度。对商标犯罪，应依《中华人民共和国刑法》第二百一十三条的规定，追究侵权人的刑事责任。商标法制的不断加强与完善，为保护商标专用权、维护市场中的公平竞争，打击商标侵权行为提供了强有力的法律支持。企业应建立商标信息网络，进行经常性的市场调查，一旦发现自己的商标专用权受到侵犯，要运用法律武器，及时向工商行政管理机关请求行政保护或向法院提起诉讼，以维护自己的商标专用权。

第4章 品牌资产增长机理

4.1 品牌资产价值的增长要素

品牌资产价值的衡量，不能仅仅考虑品牌的市场占有率、市场领先地位等因素，还要认识到品牌资产价值的来源是企业自身对品牌资产的经营能力，品牌资产的积累源于品牌经营者对环境的变化做出的积极反应，并有效协调和部署企业内外部资源从而保证品牌政策的有效实施。

本书认为，品牌资产价值增长包括两个方面因素的积累，一个是显性品牌资产；另一个是隐性品牌资产。

显性品牌资产是从消费者层面研究消费者认知对品牌资产价值的贡献。根据科勒的研究，以消费者为基础的品牌资产就是由消费者对品牌的认识而引起的对该品牌营销的不同反应，而消费者对品牌的认知是由其对该品牌的意识水平和品牌在其头脑中的形象决定的。所以，品牌资产的核心成分，包括品牌认知、品牌态度和品牌形象三个部分。

隐性品牌资产是从企业层面研究企业品牌经营能力对品牌资产价值的贡献。企业在品牌管理过程中，除了考虑消费者的需求之外，还需要适应客观环境的发展趋势，包括竞争者和技术的发展动态，以及利益相关者的需求变化，同时，还要考虑企业资源等因素。而在这些因素的处理上，表现出企业在品牌资产经营方面的能力，这种能力是其他企业无法轻易复制的，是企业在市场中长期积累起来的营销经验和营销技能。这种经验和技能无法在财务报表上体现，也无法用市场调研的方法或用市场指标表示，但是，它对品牌未来竞争力确实起到了至关重要的作用，是品牌持续竞争优势的来源。

显性品牌资产说明了品牌的现有价值，而隐性品牌资产更多地表现出品牌的持久力和生命力，显性品牌资产是企业运用隐性品牌资产的结果。许多品牌都曾辉煌一时，占据大部分市场份额，但是，在短短的几年间又销声匿迹。这些品牌资产的变化看似一夜之间就缩水为零，但事实是，这些品牌的隐患一直存在。许多企业在建立品牌的过程中，一味注重品牌产品的市场份额以及单纯的品牌知名度，以至于投入大量广告费用以达到扩张市场的目的，但是，它们忽略了更为重要的一些因素，而这些因素正是支撑品牌持续发展的原动力，这就是隐性品牌资产的积累。如果说这些企业凭借良好的市场机遇，在品牌上获得了短期市场的成功，但是由于它们没有真正建立起良好的基于品牌的企业文化、组织结构、管理体制、创新能力与学习能力等品牌经营能力，那么，这种品牌成功的根基是不牢靠的。

4.1.1 显性品牌资产

本章的显性品牌资产概念，引用了科勒的有关品牌资产的概念。显性品牌资产是从消费者层面研究消费者认知对品牌资产价值的贡献。根据科勒的研究，以消费者为基础的品牌资产就是由于消费者对品牌的认识而引起的对该品牌营销的不同反映，而他们对品牌的认知是由他们对该品牌的意识水平和品牌在其头脑中的形象决定的。所以，品牌资产的核心成分，包括品牌意识和品牌形象两部分，品牌意识又可以进一步分为品牌认知与品牌态度两个方面。

品牌认知是指，消费者对该品牌的认识，包括品牌的知名度，品牌所代表的产品属性，品牌所提供的利益以及品牌所满足的需求。品牌态度是消费者对一个品牌的全面评价，主要来自消费者的直接使用经验。品牌形象是消费者受公司市场营销组合的影响而产生的一系列品牌联想。而这一系列品牌联想主要分为功能性、情感性及象征性三类。它是从消费者的角度对品牌资产的反映。在品牌资产动态模型的每一循环中，显性品牌资产既是品牌政策的执行结果，又通过一定的作用机制形成了新的品牌资源。

4.1.2 隐性品牌资产

4.1.2.1 隐性品牌资产的本质是品牌的动态核心能力

作者认为，品牌的起源与演进本质上是一个客观过程，但这绝不意味着品牌经营者对品牌资产的演进无所作为，品牌经营者可以通过对品牌资产演进客观规律的认识，发展自身的能力，从而推动品牌资产演进的良性循环。达尔文通过对自然界生物物种进化过程的观察，发现真正得以生存与发展壮大的物种绝不是貌似强大的物种，而是更能够适应变化了的新环境的物种，这些物种往往具有主动改变与调整自我进化过程以适应新环境的能力。品牌所面临的环境是动态变化的，品牌自身必须不断改进以适应环境变化的要求，而这种整合、重构品牌内外部资源与能力以适应环境变化要求的能力就是品牌的动态核心能力，品牌经营的关键同样应是培养自身这种动态核心能力。上述改变自身适应环境的能力，被本章定义为隐性品牌资产。

4.1.2.2 隐性品牌资产的结构要素

隐性品牌资产包括品牌创新能力、品牌学习能力、品牌管理与控制能力、品牌文化四个方面。

1. 品牌创新能力

品牌创新能力是指，通过对品牌经营环境变化的深入洞察，提前预判环境变化的发展趋势，以及规划出适应于未来发展的创新性的品牌政策的能力，其本质是动态核心能力。品牌资产动态模型的关键点就是对品牌资产运营的环境变化的察觉，唯一不变的就是变化，而创新正是对变化的应对之道。创新既是基于企业所积累的经验，更是基于对品牌经营环境的观察、预测、领悟。品牌经营创新主要分为以下四点。

一是关于品牌营销策略的创新，包括价格体系、销售渠道、品牌定位、品牌延伸、广告媒体策略等方面。二是有关品牌运营组织的创新。三是有关产品技术研发的创新，通过此类创新不断提高品牌的质量及效用。四是有关管理运营流程的创新。

2. 学习能力

学习能力是品牌的一种动态能力，是指品牌经营者通过主动性地对自身经营的反思及对竞争对手的观察，不断试错与信息分析及信息反馈，不断识别出不适应新环境的品牌政策，发现更加适应环境变化的品牌政策的能力。学习同样是品牌经营的核心能力。彼得·M. 圣吉（Peter M. Senge）在其著作《第五项修炼》（*The Fifth Discipline*）中提出了学习型组织的概念，并将培养学习能力作为企业未来发展的目标。同样是由于环境的迅速变化，企业过去所积累的经验往往容易过时，不能适应环境的变化，而任何企业无法在所有的时间与领域都引领创新潮流，因而对新思想、新事物、新规律的学习就成为品牌经营的核心过程。此外，学习同样是品牌加强自身柔性适应能力的关键。达尔文（Darwin）在其《物种起源》中所提出的"适者生存"的生物进化理论同样适用于品牌的生态环境，即得到生存与发展的品牌绝不是所谓强大的品牌，而是最适应环境变迁的品牌。企业自身的改变是一个痛苦的过程，培养学习氛围与学习能力恰恰能提高企业柔性适应力，使企业习惯这一变化过程。

品牌学习能力的培养，可以应用自然选择的思想。西蒙的有限理性理论认为，任何人都是有限理性的，都是在一定的约束条件下进行决策，品牌经营者也是同样的。品牌经营的环境因素是错综复杂的，环境的变化趋势更是变化多端的，品牌的自身条件与资源也是不断变化的，而品牌政策同样涉及品牌经营的方方面面，因而任何人都不可能思考穷尽所有的可能因素，并在任何时间内做出所有关于品牌的最有利的决策。这就突出了学习的重要性，特别是在品牌经营实践中主动学习的重要性。"实践是检验真理的唯一标准"，既然无法在头脑中穷尽所有的思考因素，那么，最好的办法就是将品牌政策放到实践中检验，并在实践过程中不断反思与总结，利用自然选择对各项品牌政策优胜劣汰，最终实现品牌政策的不断更新，达到学习的目的。品牌经营者可以主动进行学习，并可以采用以下几种形式：

一是新产品试销。在品牌的新产品正式上市之前，在几个有代表性的重点市场进行新产品的试销活动，并在不同的市场上应用不同的品牌政策。由于新产品上市所涉及的决策非常多，如产品设计、包装设计、价格体系、促销政策、渠道政策等，任何政策的失误都有可能造成满盘皆输的局面，因而风险很大。通过试销期对新产品各项政策在不同市场实践中进行检验,并对这些政策的市场适应性进行反思与调整,应用自然选择的原理舍弃那些不适应市场环境的品牌政策,留下那些更适应环境的品牌政策,从而大大降低了新产品上市的风险。

二是营销政策反思。通过对不同销售区域销售数据的分析,选出销售情况较好的地区进行分析,反思造成这些地区优秀业绩的不同原因,试图将这些好的方法进行模式化总结,并在所有的销售区域推广。

三是员工内部调查。通过定期对品牌企业内部员工意见进行调查,收集及分析内部员工对内部业务管理流程、营销政策、不同部门协调等方面的意见和建议,及时发现公司各项政策与环境的不协调,淘汰落后品牌政策,建立新的品牌政策。该调研可以委托第三方进行组织与主持,以此打消员工的顾虑,得到真实的信息。

3. 管理与控制

管理与控制也是一种动态能力,它包括管理与控制两个方面,其本质是品牌运营的执行能力。管理最重要的作用是提高执行的效率,管理需要让一切事物在合适的时间以合适的强度发生,因而管理强调细节、逻辑、制度、规范,管理希望企业内的一切事物都纳入程序化、系统化与组织化。控制是指,将一切事物纳入可控的范围,比如,品牌规划与发展都必须建立在品牌原有资源的基础之上,不切实际的发展规划往往将品牌拖入失败的深渊,无论是现金流断裂还是人力资本不足均会造成致命后果。管理与控制的核心功能是协调与执行,是在客观分析环境所提供的机遇与威胁并分析自身资源的基础上,协调与平衡各方面的因素,选择与执行适应自身实际情况的品牌政策,实现品牌资产的演进与发展。

品牌组织必须强调管理因素,只有通过严格的管理制度,才能一方面,监督与激励全体员工在品牌政策的要求下努力工作;另一方面,提高工作的完成效率,从而加强品牌政策的执行力,在管理上确保品牌政策实施的顺利进行。品牌组织还应通过建立财务预算管理制度来对品牌组织内部各项经济因素都纳入可控的范畴,从而在规划新的品牌政策时能够兼顾品牌组织承受能力,避免制定超越品牌能力的品牌政策。

4. 品牌文化

第一,品牌文化的定义。

外文文献,如加德纳和利维(Gardner and Levy,1955)认为,品牌不仅具有功能性价值,而且具有情感性价值;品牌的发展是因为品牌具有一组能满足顾客理性需要和情感需要的价值。该文献还指出,品牌的创建要超越差异性(differentiation)和功能主义(functionalism),它应该注重开发一种个性价值(personality),品牌管理的一项任务就是要建立品牌的个性,要创造性地运用广告资源为品牌建设投资。兰能和库珀(Lannon and Cooper,1983)认为,在品牌创建过程中应坚持情感主题。他们运用人类学与心理学的理论,对这一课题的研究做出了贡献。该文献通过对美国广告方式和欧洲广告方式的对比研究,来论证品牌是如何随着文化的变化而演变的。兰能(Lannon,1994)利用人类学来探索品牌作为一种象征手段所增加的价值。兰宾(Lambin,1993)指出,许多经理仍然十分强调产品功能性价值的重要性,而不关注建立其可持续的品牌心理价值。事实上,竞争对手能很快地模仿产品的功能特性,但要建立起一个品牌的心理价值却需要花费很长时间。孔德(Kunde,2000)认为,品牌是一种必需品,是一种信仰,给消费者带来情感利益。马克·戈贝(Marc Gobe,1995)认为,成功的品牌必须带领顾客进入一个更深层次的、普遍的情感层次。达里尔·特拉维斯(Daryl Travis,1996)认为,品牌在某种程度上象征着你的某一身份。斯科特·M. 戴维斯(Scott M. Davis,2000)提出品牌金字塔模型。金字塔最底端是品牌的特征和属性,满足消费者基本需要;中间部分是品牌利益,满足消费者情感需要;最顶峰是品牌的信念和价值,满足消费者精神需要和文化需要。

中文文献,如年小山(2005)在分析品牌与文化关系的基础上,提出品牌是物质文化与精神文化的高度结合,物质文化包括资金、设备、活动场所等,精神文化包括品牌符号、品牌语言、品牌信息等。品牌包括物质文化系统、精神文化系统、行为文化系统。周朝琦(2008)等认为,品牌文化是指,有利于识别某个销售者或某群销售者的产品和服务,并使之和竞争者的产品与服务区别开来的名词、标记、符号或设计,或是这些要素的组合;品牌文化是指,文化特质在品牌中的沉淀和品牌经营活动中的一切文化现象,以及它们所代表的利益认知、感情属性、文化传统和个性形象等价值观念的总和。

从以上中外文文献对品牌文化的定义中我们可以得出:品牌文化是指,文化特征在品牌中的沉积和创建品牌活动中的一切文化现象。它包括三个层次的内容：一是外层品牌文化，即品牌文化物化现象的外在表现，它包括企业的名称、厂徽、商标、电话号码、建筑物等，这是品牌文化的最基本要素。二是中层品牌文化，即品牌在管理、营销活动中所渗透的社会文化的精华，它包括品牌口号、厂歌、规章制度、广告内容、公关活动、品牌管理方式、品牌营销方法等，这是品牌文化得以体现的关键。三是深层品牌文化，即品牌文化的精神，包括企业价值观、企业家精神、企业与社会、消费者之间的利益关系、企业道德等，这些都是在长期的品牌发展过程中形成的，它渗透在品牌的一切活动之中，是品牌文化的灵魂和核心。

第二，品牌文化的特征。

品牌文化既不能简单等同于企业文化，也不能简单等同于消费文化，品牌文化的独特性在于品牌本体所具有的强大营销能力和市场价值带来的文化共融。品牌文化具有以下五个特征。

其一，市场导向特质。品牌文化具有市场导向特质。产品是工厂生产的，而品牌则是市场的产物。品牌的塑造是品牌市场化的过程，企业事先可以构建品牌的框架（符号体系），但企业不能单独完成品牌的塑造。一方面，品牌的价值不是来源于品牌的名称；另一方面，品牌的价值是品牌的市场价值，是消费者对品牌的认可。市场是品牌生存和发展的土壤，品牌因市场而存在。品牌文化是品牌市场化行为的映射，反映市场的需要和价值认可。由于市场竞争的需要，品牌的建立表现为市场导向。任何品牌的建立都以市场为起点，都以市场竞争获胜为准则。品牌文化的市场导向特质要求品牌的建立要以市场为出发点，以消费者为核心，围绕市场的需要做文章。市场对品牌认可与否影响到品牌的存在，脱离市场意味品牌失去了生存的土壤，要么是纸上谈兵，要么走向唯美主义，缺乏有效的营销功能。市场导向，就是以消费者为核心的营销。

其二，文化表征特质。品牌天然具有文化性，品牌的营销过程又是文化的传播过程。品牌通过品牌名称、产品包装、标识、徽标（logo）、颜色、广告等方式向消费者传递产品信息，为达到较好的传播效果，在商品林立的市场中易于识别，企业的产品需要用富有文化特质的表征方式进行包装和传播。借用让·波德里亚（Jean Baudrilard，1985）所言："实际上，它被文化了。"品牌的形成过程实际上就是品牌"文化化"的过程，品牌通过特有的表现方式实现文化的传承。如前所述，品牌行为本身就是文化行为，消费者选择产品的过程是消费者对企业的品牌文化认识和判断的过程，消费者行为的基础源于消费者的价值判断。当然，所有的消费行为都不可能是理性的，消费者是感性的，消费者不会在一次消费行为后就作出全面的价值判断。大量的实证研究表明，在商家的大规模促销活动中，面对商家的大幅价格折扣，很多消费者的购买行为是不理性的。消费者是感性的，同时，消费者是感情的动物，消费者的消费过程也是消费者个人感情的宣泄过程。消费者根据个人的好恶、喜爱、偏好进行消费选择，选择的过程就是消费者文化的表现过程。需求的多样性，为品牌的树立找到了契合点，以文化为品牌的表征方式，能实现品牌与消费者的全面沟通。

其三，价值互动融合特质。在这里，品牌文化价值不同于品牌资产。品牌资产强调的是品牌作为资产对企业和消费者两方面所具有的积极作用，品牌文化价值是品牌作为抽象的企业和商品概念蕴含的文化价值。品牌文化的形成，仅靠企业单方面的努力是不够的，企业能建立一套系统的品牌文化元素，但品牌文化的建立还需要消费者的积极参与，它是企业与消费者双向互动的结果。由于品牌构造者的思想介入，反映了企业、企业家和相关人员的价值观，这使得品牌本身具有一定的价值取向。品牌在市场上的所有营销活动都会对品牌自身蕴含的价值观进行反映，譬如产品的质量、价格、促销和广告等，并把这些信息传递给消费者。对一个品牌，消费者是从产品功能和品牌态度两方面进行评价的。首先，消费者注重产品的功能特性，即产品能带给消费者多大程度的功能满足，包括产品的价格、产品实际功能和顾客让渡价值等。其次，是品牌态度。一方面，是消费者对待品牌的态度；另一方面，是品牌对待消费者的态度。通过综合评判，消费者做出品牌选择。品牌文化通过综合企业的品牌价值观和消费者的品牌价值观后，寻找双方的共同点，并对双方的行为进行不断修正、磨合，逐渐达成共同的价值理念，最后形成一致的品牌文化。由于消费者居于市场主导地位，消费者的态度和行为对品牌文化的建立具有重大的影响力。

其四，市场竞争特质。品牌在市场竞争中属于差异化竞争战略，构建具有独特品牌文化属性的品牌能使品牌具有较强的竞争性。在企业竞争战略研究中,很多中外文文献都把寻找企业的核心竞争力或竞争优势作为战略重点,从多角度对此问题进行了广泛研究,最具代表性的是哈佛大学的波特(1990)的竞争战略理论,哈默尔和普拉哈德(Halnel and Prahalad,1990)的核心能力理论等,但随着研究的深入,越来越多的学者均意识到,文化才是最核心的竞争力。市场中最宝贵的资源是消费者,品牌文化的建立是品牌对消费者的征服,以文化的力量构筑了与消费者之间的关系,并以价值的交融融入消费者的心智,征服消费者就征服了市场,现代的市场竞争在形式上已不同于以前的竞争那样粗暴,企业转而重视竞争的艺术性和竞争的双赢模式。品牌文化对消费者的吸引力是任何竞争手段都无法超越的。文化的差异性是无法模仿的,文化竞争力又是优势竞争力的源泉。品牌文化具有排他性,它能为企业竖起一道保护的屏障,抵御竞争者的侵袭,形成稳固的顾客品牌关系。

其五,公众传播特质。品牌是公众人物,既代表企业在市场上的形象,又代表消费者的消费价值观。企业千方百计地寻找有效的传播手段和表现方式,以抓住消费者的视觉,同样,消费者面对泛滥的信息却无从下手,消费者对于比较慢的识别判断方式已失去耐心,快节奏的社会造就了快餐式文化,品牌以符号和价值的简约方式,浓缩产品、企业、服务、文化和价值观等诸多要素,为消费者呈现了快速有效的认知模式。品牌包含了消费者需要的一切,消费者所要做的只是选择,而不必担心品质、价格和服务等内容。品牌以超越符号的方式简化了企业的营销传播难题,集约了企业、产品的所有信息,在消费者的思想意识中强化,再强化。品牌价值的积累,来源于品牌的传播。品牌信息传播的深度和广度决定了品牌在市场上的位置,品牌传播的深度是品牌对消费者的吸引程度,传播越深,消费者的认知越高,品牌忠诚度越高;品牌传播广度,是指品牌的知名度。品牌的公众传播特质也注定了品牌必须时刻关注自身的公众形象,注重传播的内容,做好品牌的管理维护工作。因为"成也萧何,败也萧何""水能载舟,亦能覆舟。"总的来说,品牌文化具有市场导向、价值融合、文化表征、市场竞争和公众传播五方面的特征。这些特征决定了品牌文化的存在方式和品牌文化在市场营销活动中的特殊地位。

第三,品牌文化的功能。

品牌文化在品牌营销中具有重要的作用,品牌文化的功能主要体现在以下四方面。

其一，提升品牌价值。品牌不仅仅是符号，品牌是企业营销活动思想和行为的表现。因而，品牌的构建不仅是品牌符号化、品牌知名度增长的过程，品牌应是联系企业和消费者的桥梁，是企业营销产品的有力手段，是企业竞争取胜的关键。品牌的构造要从品牌的价值发现入手，在品牌要素的各个方面体现品牌的价值观，用品牌文化提升品牌价值。

其二，促进企业与消费者之间的融合。品牌文化不是单一的"企业品牌文化"，是企业与消费者之间文化的融合和再造。文化沟通是以价值共识为基础的，消费者与企业不是对手，它们是产品或企业价值实现的不同环节；或企业是消费者满足过程的必要组成部分，是消费者欲求满足的基础（生产可供消费者消费的产品）。品牌文化的本质是建立有效的顾客品牌关系，与消费者进行品牌对话，真正让消费者参与到品牌的建设中，让消费者理解品牌、接受品牌、体验品牌，进而喜爱品牌。

其三，实现品牌个性差异化。在品牌营销中，品牌个性差异化是塑造品牌形象、吸引消费者眼球，与竞争对手相区别的重要手段。品牌差异化的建立，要从品牌文化入手，在品牌价值的基础上，结合企业特性发现、塑造品牌个性特征。

其四，增强产品的市场竞争力。品牌文化属于企业的文化竞争力，它能帮助企业在市场竞争中建立竞争优势。卓越的品牌文化能帮助企业建立起识别明显、亲和、沟通、富有爱心的品牌形象，拉近与顾客的距离，保持竞争优势。品牌文化有助于培养消费者的品牌忠诚。

第四，品牌文化的构成。

其一，品牌物质文化。品牌物质文化是品牌的表层文化，由产品和品牌的各种物质表现方式等构成。品牌物质文化是品牌理念、价值观、精神面貌的具体反映。尽管它处于品牌文化的最外层，但却集中表现了一个品牌在社会中的外在形象。顾客对品牌的认识主要来自品牌的物质文化，它是品牌对消费者最直接的影响要素。因此，它是消费者和社会对一个品牌总体评价的起点。根据品牌的物质构成要素，可以将品牌物质文化分为产品特质和符号集成两方面。

首先，产品特质。它是品牌必须具备的功能要素，满足消费者对产品的基本需求，是消费者需求的出发点。产品特质包括产品功能和品质特征，是消费者对品牌的基本需求，是消费者对品牌功能的价值评判标准。

其次，符号集成。符号集成是多种品牌识别元素的统称，包装和完善品牌，为消费者提供产品功能价值外的需要。其包括：（1）视觉部分，品牌名称、标识、徽标（logo）、产品形状、颜色、字体等；（2）听觉部分，音量、音调和节拍；（3）触觉部分，材料、质地；（4）嗅觉部分，味道、气味。伯德·斯密特和亚力克斯·西蒙斯（Bernd Schmitt and Alex Simonson）认为，美学能够被用来创造某种独特的风格，也就是说，能够让某公司或某品牌形成与众不同的品质、形式或者方式。这种以美学为基础的风格有助于提高品牌知名度，使人们对品牌和公司形成理性的、情感的联想，使公司的产品和服务具有差别性，帮助消费者按照相关的差别性对产品和服务进行分类，帮助对营销组合中的产品和服务进行分类。

其二，品牌精神文化。在一种文化体系中，最核心的部分是这种文化的精神和价值观，它构成文化的精髓，掌控着文化的发展方向。价值观是人们关于什么是有意义的或无意义的根本看法，是人类所特有的价值取向的根本见解。不同的价值观决定不同的文化风格，如东方文化注重集体主义，西方文化注重个人主义，由此形成在组织内的不同管理风格和组织结构。在企业中，价值观影响企业的各个方面，管理者、员工、产品、组织、工作环境、营销、品牌和文化等。品牌精神文化是指，品牌在市场营销中形成的一种意识形态和文化观念。品牌文化界定是品牌文化中的心理部分，可称心理文化。品牌精神是品牌文化的核心，是品牌的灵魂。

品牌精神文化包括，品牌精神、品牌愿景、品牌伦理道德、价值观念、目标和行为规范等。它决定品牌的个性和品牌形象，决定品牌态度，以及品牌在营销活动过程中的行为表现。品牌精神是品牌对消费者和社会的承诺，影响企业和消费者的思想。在品牌营销过程中，企业把这种品牌价值观贯穿于品牌营销的每一个环节，从产品设计、功能特性、品质到营销、传播和服务，无不体现品牌精神。品牌不是孤立存在的，它是企业与消费者不断交换、沟通的主体。品牌愿景是品牌的目标描述及长远规划。品牌伦理是在品牌营销活动中，品牌应遵循的行为规范和道德规范。品牌的制度文化是指品牌文化中品牌与企业结合的部分，又称"中介文化"。包括企业领导体制、组织结构、营销机制和为进行正常的生产经营而制定的管理制度等。制度文化反映了企业的性质和管理水平，是为了实现企业目标而制定的一种强制性的文化。

其三，品牌行为文化。行为是一切文化成败的关键，"每一个价值观都会产生一套明确的行为含义"。品牌行为文化是品牌营销活动中的文化表现，包括营销行为、传播行为和个人行为等，是品牌价值观、企业理念的动态体现。品牌的价值在于品牌的市场营销，在于品牌与消费者之间的互动，品牌行为是构建品牌价值体系，塑造品牌形象的关键。好的品牌行为文化要通过有效的执行去贯彻实施，从而发挥文化的作用。品牌价值是在品牌营销中实现和建立的，离开市场营销活动，品牌就失去了生命，品牌行为是品牌精神的贯彻和体现。品牌文化在品牌运行中建立，品牌价值在营销中体现。品牌行为是品牌与顾客关系建立的核心过程，关乎品牌的个性彰显和品牌形象塑造，关乎企业营销的成败，关乎企业的生命。一切在行动中产生，一切也在行动中消亡，品牌行为决定了品牌的命运。品牌行为必须与品牌精神相一致，真正做到全面贯彻实施品牌精神。品牌行为文化主要包括以下三方面。

一是品牌营销行为。品牌营销行为包括产品、价格、促销和分销等4P组合和品牌文化战略研究服务。在营销行为中，服务作为一种独特的方式，是品牌营销行为的主要内容，也是品牌塑造的重要环节。

二是品牌文化传播行为。品牌文化传播行为是广告、公共关系、新闻、促销活动等，传播行为有助于品牌知名度的提高和品牌形象的塑造。

三是品牌个人行为。品牌是多种身份角色的市场代言人，品牌个人行为包括企业家、员工和股东等个人行为。品牌文化系统由以上三部分组成，它们形成了品牌文化由表层至深层的有序结构。物质文化，最为具体实在，属于表层文化；行为文化是一种活动，处在浅层，制度文化属于观念形态的表现形式，是人与物的结合部分，属于中层文化；精神文化是价值观和文化心理，属于核心文化。各系统之间相互影响、相互制约和相互渗透。精神文化是品牌文化的基础，行为文化、制度文化和物质文化均在此基础上产生；行为文化是品牌文化的外壳，是物质文化、制度文化和精神文化动态的反应；制度文化是品牌文化的关键，它把物质文化、行为文化和精神文化有机整合，统一为整体；精神文化是主导、是中心，决定其他文化的变化方向和发展方向。

第五，品牌文化的培育路径与培育方法。

其一，品牌文化的培育路径。

（1）系统型路径。企业品牌文化的培育在明确要素与原则之后，必须对其路径问题予以全面、充分和深入的分析，以保证正确地确定培育路径。系统型路径是企业品牌文化培育的基本路径之一，该种路径由内部认同、目标定位、传递与传播三个系统环节所组成。

一是品牌文化的内部认同。品牌文化的内部认同是指，企业内部所有员工对品牌文化的产生与定位具有一致性方向的认同感，这是影响企业品牌文化培育过程的根本性因素。企业品牌文化的培育需要企业内部员工广泛、深刻的认同。若要进行品牌文化的内部认同这一根本性工作，既要培育出企业品牌文化的价值精髓，又要培养出企业品牌文化的各类专门人才；更要培植出使企业品牌文化培育的制度规范得以有序、有力、有效实施的根基。

二是品牌文化的目标定位。品牌文化的目标定位是指，企业品牌文化培育过程中的关键性因素。企业从事品牌文化培育活动时，必须要对企业品牌文化的目标定位进行科学分析、研究、判断和选择。品牌文化目标定位的基本依据，应是企业和竞争对手相比较所具有的独特核心竞争优势及核心竞争能力。它包括核心技术优势及其能力、核心管理优势及其能力、核心信息优势及其能力、核心创新优势及其能力以及核心文化优势及其能力。另外，企业从事品牌文化培育活动时，也必须在广泛调查与深入研究的基础上，客观地确定符合市场需要与社会需要的企业品牌文化的核心理念和核心价值的理性承诺。

三是品牌文化的传递与传播。品牌文化的传递与传播是指，企业将其品牌文化向市场与社会进行传达与渗透的活动。它是企业品牌文化培育过程中的重要性因素。迄今为止，从理论与实践运用结果的角度观察，品牌文化的传递与传播是企业品牌文化培育工作的重要策略。相关学者在对品牌文化传递与传播的研究后认为，值得参考与借鉴的三种规律分别是"波浪原则""类马太效应"和"充电池原理"。"波浪原则"是指，企业在品牌文化传递与传播的轮次上要注意时间间隔；"类马太效应"是指，品牌文化在市场推广时，一定要使企业品牌文化的核心价值理念及承诺被目标消费群体所认知和接受。"充电池原理"是指，企业品牌文化在其培育活动中必须做好首次循环过程，否则就像首次未能充满的电池一样，以后将永远无法充满。

（2）同心圆型路径。同心圆型路径是企业品牌文化培育的又一基本路径，是指品牌文化的培育是按照从内至外的顺序构建起企业品牌文化培育的同心圆型路径。具体表现为，从内部核心层开始，经过中间层的连接最终到达外部显现层的活动过程。

一是企业品牌核心层文化的培育。企业品牌核心层文化的培育，要遵循以下两个标准：一个标准是企业品牌核心层文化的培育要适合企业的产品特征，即品牌文化要与品牌产品特性相匹配。只有这样才能让消费者感觉自然并予以认同；另一个标准是企业品牌核心层文化要符合目标市场消费群体的特征，即品牌文化要从目标市场消费群体中去探寻确定。只有这样，企业品牌核心层文化的培育才更易取得目标市场消费群体的认可。

二是企业品牌连接层文化的培育。企业品牌连接层文化是指，企业品牌核心层文化和企业品牌外显层文化相联结的中间层文化。其特点可以概括为：一是必须根据核心层文化的内涵与要求考虑连接层文化的培育；二是必须适应与市场直接对接的外显层文化所包含的诸如产品、个性、标识、情感和联想等培育要素的要求进行本层文化的培育。简而言之，就是既要分析消费者的现实需求和未来潜在需要，又要明确企业自身品牌文化培育的方向与目标，并结合二者需要培育企业品牌连接层文化。

三是企业品牌外显层文化的培育。企业品牌外显层文化是指，与消费者直接产生联系的企业品牌文化。外显层文化的特点主要体现在以下方面：一方面，一定要以消费者需求为导向，并且必须兼顾消费者的物质需求愿望和精神需求愿望进行培育；另一方面，一定要与企业品牌核心层文化的培育方向和培育目标相吻合。其培育标准就是，企业外部需求与企业内部需求的一致性。

上述两种培育路径的分析与概括，反映出企业品牌文化培育体系所包含的又一基本内容，是构成企业品牌文化培育体系的重要组成部分。

其二，品牌文化的培育方法。

企业品牌文化的培育方法，通常分为以下六个步骤。

第一步，构建企业品牌文化价值体系。构建企业品牌文化价值体系，是企业品牌文化培育方法的首要内容。它必须依据企业品牌文化的目标定位，对所有与之相关的各种品牌文化资源和要素进行提炼与归纳，在此基础上构建出企业品牌文化的价值体系。由此派生出来的传统品牌文化就能在企业品牌文化价值体系基础上得以延伸，在消费者心目中留下全聚德文化的深刻印记，进而形成对中华民族优秀传统饮食文化的健康印象。

第二步，确立企业品牌文化培育体系。通常，企业品牌文化培育体系的确立，需要考虑以下因素。第一，确定企业品牌文化的培育范围；第二，确定企业品牌文化的培育个性；第三，确定企业品牌文化的培育价值；第四，确定企业品牌文化的消费目标群体；第五，确定企业品牌文化消费目标群体的价值；第六，评估、维护、提升企业品牌文化和消费目标群体的关系。

第三步，塑造企业品牌文化培育的管理系统。企业品牌文化培育的管理系统，由内部管理系统和外部管理系统两部分组成。内部管理系统是根据企业品牌文化培育的目标定位，在企业内部全体员工中建立高度认同的品牌文化培育的核心理念与核心价值，并通过各项管理活动塑造企业品牌文化培育的管理系统的过程。外部管理系统是通过各种传播途径、传播手段，围绕企业品牌文化培育的核心理念与价值进行广泛传递和渗透，以塑造企业品牌文化培育的管理系统的过程。

通过企业品牌文化培育管理系统的塑造过程，使消费者在潜移默化中体验到企业品牌文化的核心内涵，并最终取得令消费者认可和满意的良好效果。

第四步，整合企业品牌文化资源。整合企业品牌文化资源的关键，先是明确可以运用的企业内外部所有文化资源和文化要素。企业外部文化资源和文化要素主要是指，与品牌文化有关的市场与社会的资源、要素。企业内部文化资源和文化要素主要是指，能够反映并影响与企业品牌文化相关的企业内部文化资源和文化要素。以上两方面品牌文化资源主要包括，企业文化、职业文化、行业文化、地域文化、民族文化和宗教文化等。通过企业品牌文化资源和文化要素的整合，确保企业品牌文化培育所需的企业内外部文化资源和文化要素的统一性。

第五步，实施与监控企业品牌文化的培育方案。企业品牌文化培育方案的具体实施,关键需要企业切实加强对培育方案全方位、全系统、全过程的执行和落实,切实做到有效地预防和避免培育方案在落实过程中执行不力或执行偏差的情况发生。企业品牌文化培育的又一关键是,对企业品牌文化培育方案落实的全过程给予严密监控,进而科学、持续地建设和完善企业品牌文化培育的监控体系,以形成系统性的制度保障。企业品牌文化培育方案的实施与监控绝非一日之功,需要持久努力。

第六步,优化企业品牌文化的培育体系。优化企业品牌文化的培育体系,关键是在构建企业品牌文化培育体系的全过程中,企业必须关注与满足消费者物质与精神的现实需要和潜在需求,在培育体系的塑造实践中经常审视和检验企业品牌文化培育体系的目标定位和市场渗透,并据此进行企业品牌文化培育体系的完善、创新和优化。

通过对企业品牌文化培育方法的总结和归纳,我们勾勒出培育方法的一般性步骤,以使企业品牌文化的培育体系更加系统而完整,并使培育体系更具有可操作性。企业品牌文化的培育方法,同样是企业品牌文化培育体系的重要组成部分,也是其基本内容。

4.1.3 显性品牌资产与隐性品牌资产的区别与联系

显性品牌资产是相对于隐性品牌资产而言的,显性品牌资产是品牌资产演进的阶段性成果,而隐性品牌资产则是决定品牌资产演进方向的最终决定性因素。目前,有关品牌的理论研究大多就品牌谈品牌,仅从财务、消费者等角度对品牌资产进行描述,而缺乏对品牌更深层次的洞见。本章认为,品牌绝不是孤立的,品牌的经营与发展根植于品牌背后企业的经营与发展,品牌资产是企业综合经营管理能力的外在表现,而企业核心能力恰恰是品牌资产的真正来源与坚实基础。因此,本章认为,有必要区分两种类型的品牌资产,一种是显性品牌资产,本章采纳了目前品牌资产理论界的流行观点,从消费者角度出发对品牌资产进行描述,主要包括品牌认知、品牌态度、品牌形象,其本质是从消费者的角度对品牌经营成果的阶段性反映,是品牌资产动态演进过程的果而不是因;另一种是隐性品牌资产,其本质是企业运营品牌的核心能力,是驱动品牌资产演进的决定性力量与根本要素,是品牌资产动态演进过程的因而不是果。

4.2　品牌资产价值增长要素分析方格

根据上文对品牌资产价值增长要素的观点，本章拓展了品牌资产价值增长要素分析方格这一理论工具的应用范围，用于对品牌资产增长路径的理论分析，具体见图 4-1。

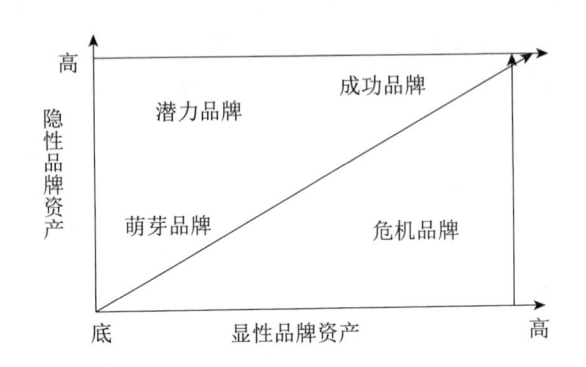

图 4-1　品牌资产价值增长要素分析方格

资料来源：瞿艳平. 品牌管理学. 厦门：厦门大学出版社，2012.

品牌资产价值增长要素分析方格的纵轴是隐性品牌资产，随着纵轴的延伸，隐性品牌资产逐渐增高；品牌资产价值增长要素分析方格的横轴是显性品牌资产，随着横轴的延伸，显性品牌资产逐渐增高。根据显性品牌资产与隐性品牌资产高低的不同，可以将品牌资产价值增长要素分析方格分为四个区域，分别是萌芽品牌区域、潜力品牌区域、危机品牌区域与成功品牌区域。

4.2.1　萌芽品牌区域

萌芽品牌区域是指，隐性品牌资产与显性品牌资产都比较低的区域。在此区域的品牌往往是初创企业的初创品牌，由于企业刚刚成立，尚处于萌芽状态，因而企业的创新能力、学习能力、管理与控制能力以及文化能力均显得稚嫩，企业经营品牌的能力明显不足，因而在与产业内其他成熟品牌的竞争中处于下风，品牌的知名度、忠诚度都不高。萌芽品牌资产可能的发展路径有以下四条。

一是品牌资源非常匮乏，企业刚刚成立，随着品牌经营的逐渐深入，企业的品牌经营能力不断得到提升，虽然由于可以使用的品牌资源十分匮乏，在与产业内强势品牌的竞争中落在下风，但是在这种残酷的生存竞争中，逐步锻炼出品牌的创新能力、学习能力、管控能力与文化能力，迫使品牌为生存与发展寻找出一条适合自身的道路，从而带动品牌从萌芽区域上升到潜力品牌区域，即品牌的隐性品牌资产超出显性品牌资产，也就是品牌所具备的动态核心能力超出品牌所具有的市场地位，并在此过程中积累了一定的品牌资源，如资金、销售渠道、技术诀窍等。当环境的变化为产业内的品牌提供了变革的机遇时，该品牌就会紧紧抓住机遇，通过创新与学习规划出最适应自身发展的品牌政策，并通过强大的执行能力动员一切可以动用的资源贯彻这一品牌政策，从而在这场变局中成为最大的赢家，使显性品牌资产获得最大提升，品牌进一步进入成功品牌区域，获得显性品牌资产与隐性品牌资产的协调发展。无疑这一道路是极端艰难困苦的，但现存的成功品牌无不经历了这一道路。

二是品牌资源匮乏，品牌经营能力虽然不足，但品牌处于一个新兴的发展性行业，就如同处于一个阳光、雨露都十分充足的自然环境之中。行业游戏规则尚未建立，潜在竞争对手都未注意到这一领域，于是，在得天独厚的发展条件下品牌迅速积累起品牌资产，从而迅速占据了产业内有利的发展地位，并在此过程之中迅速积累了自身品牌经营的能力，获得了显性品牌资产与隐性品牌资产的协调发展，迅速进入了成功品牌区域。近年来，信息技术获得了迅猛发展，尤其是基于互联网络的新兴产业为许多品牌提供了迅猛发展的机遇。

三是具有一定的品牌资源，但起步阶段品牌经营能力与品牌知名度均不足。这种品牌一般是指，跨行业发展的品牌，由于企业在原来的行业内积累了一定的发展资金，而看好其他行业的发展机遇，从而以资金优势多元化发展，期望在新的行业内建立品牌优势。由于品牌经营能力的提升不是在短期内可以达到的，而资金等资源优势可以使新的品牌在短期内建立一定的品牌知名度（如通过电视广告等手段），使得品牌的显性品牌资产超过隐性品牌资产，从而在短期内推动品牌从萌芽品牌区域进入危机品牌区域。而危机品牌区域是一个十分危险的区域，高的显性品牌资产需要消耗大量的品牌资源，而低的隐性品牌资产使得品牌在竞争中落于下风，品牌自身资源的积累能力低下，因而品牌很有可能坐吃山空，当推出该品牌的企业不愿再背这一包袱时，该品牌唯一的归宿就是死亡。许多实行多元化政策的企业都失败了，特别是行业之间无法形成协同效应的多元化往往是注定要失败的。

四是品牌资源极端匮乏，在品牌经营的过程中，只看重短期机会，而忽视了长期品牌经营能力的培养，品牌经营能力的不足加上品牌可动用的资源十分匮乏，因而品牌在残酷的生存竞争中难以支撑，即使环境变化提供了发展机遇，品牌也无法抓住，当品牌资源消耗殆尽时，品牌也就走向了死亡。事实上，大多数小企业无法活过第三年，绝大多数的萌芽品牌将走向夭折。

4.2.2 潜力品牌区域

潜力品牌区域是指，品牌经过一定阶段的经营，逐渐积累起较高的品牌动态核心能力，虽然由于客观环境尚处于相对稳定的均衡状态，环境尚未提供发展的契机，在与现存产业内主流品牌的竞争中没有大的突破，因此，相对于高的隐性品牌资产而言，显性品牌资产仍然偏低。尽管如此，品牌的发展已经有了潜在的可能性。由于品牌的经营能力高于产业内品牌的平均水平，一旦环境的变化突破了短期的均衡，品牌的机会就出现了。

一般来说，处于潜力品牌区域的品牌的运行路径只有一条，就是向成功品牌区域前进。向成功品牌区域前进的契机，在于环境短期均衡的打破。正如前文所述，环境的变化是以短期均衡的形成与打破为特征的，当环境形成短期均衡状态，产业内品牌竞争陷入僵局时，品牌即使具备较强的经营能力，也不可能在这种状态下取得重大突破。而环境的改变是永恒的主题，当量变的积累达到了质变的临界点时，环境的短期均衡就会被打破，产业内变革的重大机遇就出现了。

对于潜力品牌来说，成为成功品牌最重要的举措就是创新。当环境的变化打破均衡后，产业内不同品牌的反应是不同的，产业内占统治地位的品牌往往沉迷于过去的成功模式而不愿改变现有品牌政策，而潜力品牌就可以利用这一机会在产品设计、营销政策、组织模式等方面创造出更适应新环境的品牌政策，从而在这一变局中超越主流品牌，积累出较高的显性品牌资产与品牌资源，迈入成功品牌行列。只有创新活动才能使潜力品牌抓住这样的机会，当然，学习能力、管理与控制能力、文化能力在这一过程中同样扮演着重要角色。

4.2.3 危机品牌区域

处于危机品牌区域的品牌经过一段时间的品牌经营，显性品牌资产积累到了一个较高的程度，而品牌经营能力却仍然较低，隐性品牌资产低于显性品牌资产。从表面上看，品牌经营一派繁荣，销售收入飞速增长，品牌知名度迅速上升，但由于品牌动态核心能力远远落后于显性品牌资产的发展，品牌的危机已经潜伏下来，遇到一定的时点就会爆发。

对于危机品牌来说，显性品牌资产的迅速积累存在两种原因。一是品牌资源的丰富。如资金的充足使危机品牌在营销费用的投入上可以不计成本，广告的巨额开支可以在短期内将品牌的知名度大大提升，进场费用的大量投入可以使品牌在短期内迅速占领市场，从而迅速积累起较高的显性品牌资产。二是环境为品牌创造了良好的发展机遇。特别是在产业发展的黄金时期，市场需求迅速放大，产业竞争并不激烈，即使在品牌的经营能力及品牌资源并不强大的情况下，显性品牌资产依然可以获得迅猛发展。

根据上述显性品牌资产积累的不同原因，危机品牌的危机爆发时点也有所不同。依靠资源优势迅速积累起显性品牌资产的品牌，由于品牌经营能力低于产业内品牌的平均水平，因此，高显性品牌资产的代价必然是对品牌资源的迅速消耗。当品牌资源被消耗殆尽时，品牌的危机就会爆发，品牌将会走上消亡之路。依靠环境提供的黄金发展机遇迅速积累起显性品牌资产的品牌，在产业发展的黄金时期不注重对自我动态核心能力的培养，而仅仅将工作重点放在对短期机会的把握上，因而当环境变化，产业发展进入成熟期后，品牌经营能力的劣势就会在日益激烈的品牌竞争中显现出来，于是品牌危机就会爆发，品牌将在市场竞争中败下阵来。

4.2.4 成功品牌区域

成功品牌区域内的品牌是指，显性品牌资产与隐性品牌资产协调发展的品牌。一方面，品牌培养了较高的动态核心能力，对环境变化反应敏捷，在产业内品牌之间的竞争中占据优势，牢固掌握了产业内的领先地位；另一方面，显性品牌资产较高，品牌在市场上占据了主流地位，品牌资源不断得到累积，品牌资产进入良性循环。

进入成功品牌区域的品牌并不是一劳永逸的，为保持成功品牌的地位必须持续不断地修炼自身，进一步提高自身的动态核心能力，不断运用创新、学习、管控与文化等各项能力根据环境的变化来调整品牌政策，获取进一步发展。成功品牌就像鸭子一样，表面上很平静，但在水下它的两只脚掌却在不断拼命踩水，以维持现在的领先地位。

由于，一方面，品牌的动态核心能力存在弱化的可能；另一方面，品牌动态核心能力是一个相对的概念，因此，随着产业内其他品牌的进步以及品牌自身动态核心能力的弱化，成功品牌有可能滑入危机品牌区域，甚至进而导致品牌的消亡。

4.3 品牌资产增长机理分析

要深入分析品牌资产的增长机理，除了隐性品牌资产与显性品牌资产两个维度以外，还应将时间作为第三个维度，从三个维度对品牌资产价值的增长进行全面研究，时间维度涉及了品牌生命周期的概念。

4.3.1 品牌生命周期的阶段及基本原理

如图4-2所示，品牌生命周期的纵轴是品牌资产的价值，它既包括显性品牌资产又包括隐性品牌资产，品牌生命周期的横轴是品牌生命周期的不同阶段，以时间为顺序分别为孕育期、成长期、成熟期及保护期。

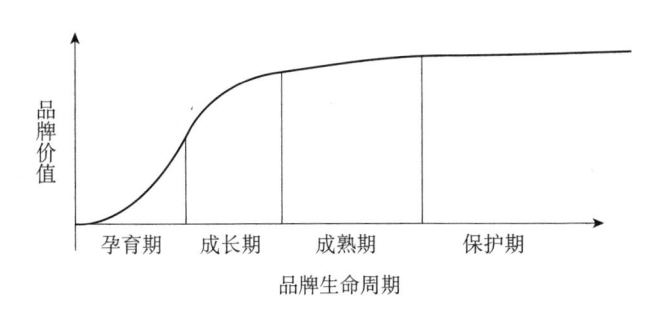

图 4-2 品牌生命周期

资料来源：笔者受到产品生命周期理论的启发整理绘制而得。

4.3.1.1 品牌生命周期的阶段

品牌生命周期是由孕育期、成长期、成熟期及保护期组成的。孕育期是指，品牌经营者对新的品牌的策划推出阶段，是品牌正式上市前的准备阶段。在品牌孕育期，以显性品牌资产为标识的品牌资产的价值为零。成长期是指，品牌正式推出上市后品牌资产价值迅速上升的一段时期，这段时期的特点是品牌资产价值上升迅猛，品牌经营不稳定。成熟期是指，品牌经营进入了一个较为成熟的阶段，品牌资产的价值较为稳定，品牌经营步入稳定阶段。保护期内品牌资产的价值有三种走向，一是品牌经营能力进一步增强，品牌资产价值进一步增高；二是品牌资产维持现状；三是品牌衰弱与老化，品牌资产价值下降甚至到零（品牌退出市场）。

本章认同陆娟（2002）对品牌生命周期阶段的观点。本章认为，品牌虽然客观上经历了出生、成长、成熟、衰退与死亡等阶段，但作为个体的品牌并不必然经历品牌生命周期的每一个阶段，在环境变化驱动品牌资产动态发展的过程中，品牌经营者可以通过对正确的品牌政策的选择不断推动品牌资产价值的进一步提高，从而打造出永葆青春的长寿品牌。

4.3.1.2 品牌生命周期的基本原理

本章认为，品牌资产的动态发展是在环境变化的驱动下，品牌经营者以品牌资源为前提，通过分析环境的变化规律与执行不断更新品牌政策，从而带动品牌不断发展。品牌生命周期内的变化，同样适合此原理。

在品牌孕育期，品牌虽然没有正式上市，显性品牌资产为零，但隐性品牌资产已经具备了，品牌组织已经拥有一定的创新、学习、管控、文化等动态核心能力。此外，品牌组织还具备了一定资金、销售渠道、技术诀窍等品牌资源。在品牌孕育期，品牌经营者根据目前所处的品牌经营环境的变化，利用自身的动态核心能力，在正确分析自身品牌资源的基础上，试图规划出最适合自身的品牌政策。这包括品牌命名、品牌定位、产品设计、销售渠道设计、广告促销策划、价格体系制定等。因此，品牌孕育期是品牌生命周期的一个重要阶段，直接决定了品牌资产的未来走势。

在品牌成长期，品牌正式上市，品牌经营者通过对孕育期品牌政策的执行，初步建立起了一定的品牌知名度与品牌形象，显性品牌资产开始迅速拉升。在品牌成长期一方面，品牌经营者在实践中对孕育期的品牌政策进行反思与总结，重新调整品牌政策；另一方面，品牌经营环境进一步变化，品牌经营者必须不断调整品牌政策以适应新的环境变化。品牌政策的上述调整，直接决定了品牌成长期的长短以及品牌资产价值的未来走势。在此过程中，品牌组织也在不断积累自身创新、学习、管控、文化等项动态核心能力，隐性品牌资产积累速度与显性品牌资产积累速度的对比将影响品牌资产发展的未来。

当品牌的动态核心能力与显性品牌资产相匹配时，品牌就进入了成熟期。在品牌的成熟期，与隐性品牌资产相比，显性品牌资产已经达到了一个相当的高度，继续发展与提升显性品牌资产已经是相当困难的事，品牌资产价值的增值进入平稳阶段。在这个阶段，品牌经营环境相对进入均衡状态，品牌经营者对前期品牌政策进一步反思与调整，但品牌政策的调整空间不大，与产业内其他品牌的竞争陷入僵局。通过不断学习与磨炼，品牌的创新、学习、管控、文化等动态核心能力进一步提升，但与已经达到显性品牌资产相比，隐性品牌资产并无重大突破。然而，在看似平静的表象背后，隐藏着变局的暗流。环境虽然进入短期均衡状态，但环境依然处于不断变化之中，量变的累积必然引起质变，一旦环境的短期均衡被打破，新的变局就将出现。

品牌成熟期之后就是品牌保护期，品牌保护期中品牌资产的价值存在三种走势的可能性。

第一，品牌经营者在品牌经营过程中不仅将精力放在具体的品牌经营策略上，还不断致力于对自我动态核心能力的培养，在此过程中，有意识地培养整个品牌组织的创新能力与学习能力，建设强有力的执行能力，营造整个品牌组织内部鼓励创新、学习、执行为特色的品牌文化氛围，从而营建起强大的动态核心能力，创造了相对竞争优势，使隐性品牌资产超过了显性品牌资产，为品牌抓住机遇奠定了坚实的基础。当环境的变化突破了均衡阈值，环境的短期均衡就被打破，对产业内的每个品牌来说新的机遇与威胁就出现了。品牌经营者就利用自身所培养的高于竞争品牌的动态核心能力充分利用环境所提供的机遇，执行最正确的新的品牌政策，从而获取最大收益，使显性品牌资产进一步增长，品牌资源进一步累积，拉动品牌资产价值进入新一轮增长周期。

第二，品牌经营者在品牌经营过程中不重视自身动态核心能力的培养，过于迷信品牌过去的成功模式，体现在品牌经营思想上的僵化与固执，无视环境改变，品牌动态核心能力不断弱化，相对于较高的显性品牌资产而言，隐性品牌资产明显下降。当环境的均衡被打破之后，品牌所蕴含的危机就爆发了。品牌经营者对环境的变化反应缓慢，过去品牌赖以成功的品牌政策变得过时了，品牌政策与环境的不适应导致了品牌在与竞争对手的新一轮竞争中败下阵来，显性品牌资产不断弱化，品牌资源不断被消耗，品牌资产价值曲线向下延伸。极端情况导致品牌资产价值为零，品牌死亡，退出市场。

第三，品牌动态核心能力保持稳定发展，隐性品牌资产与显性品牌资产均衡发展，当环境发生改变，品牌对环境改变的反应与产业内其他品牌相一致，于是在新一轮残酷的生存斗争中，任何品牌都未能明显胜出，显性品牌资产与品牌资源都保持平稳发展，品牌资产价值曲线继续水平延伸。

4.3.2 品牌资产增长机理

4.3.2.1 品牌孕育期

如上文所述，品牌孕育期是指，品牌正式上市之前的一段时期。在品牌孕育期，由于品牌没有正式上市，因此显性品牌资产为零。而隐性品牌资产已经具备了，品牌组织已经拥有一定的创新、学习、管控、文化等动态核心能力，因此，品牌资产综合价值并不为零。此外，品牌组织还具备了一定资金、销售渠道、技术诀窍等品牌资源。在品牌孕育期，品牌经营者根据目前所处的品牌经营环境的变化，利用自身的动态核心能力，在正确分析自身品牌资源的基础上，试图规划出最适应自身的品牌政策，包括品牌命名、品牌定位、产品设计、销售渠道设计、广告促销策划、价格体系制定等。因此，品牌孕育期是品牌生命周期的一个重要阶段，直接决定了品牌资产价值的未来走势。在品牌孕育期内，品牌有可能处于萌芽品牌区域或是潜力品牌区域。

1. 品牌孕育期的萌芽品牌区域

这类品牌的隐性品牌资产很低，接近于显性品牌资产的价值。在此区域的品牌往往是初创企业的初创品牌，由于企业刚刚成立，尚处于萌芽状态，因而企业的创新能力、学习能力、管理与控制能力以及文化能力均显得稚嫩，企业经营品牌的能力明显不足，因而在与产业内其他成熟品牌的竞争中处于下风，品牌的知名度、忠诚度都不高。

虽然隐性品牌资产很低，但不可能完全为零。对处于品牌孕育期的初创品牌来说，在隐性品牌资产的四大要素——创新能力、学习能力、管理与控制能力和文化能力中，最重要的是品牌的创新能力。无论是品牌的命名、品牌的定位还是产品的设计，都涉及大量品牌政策的决策，这些品牌政策能否适应市场环境的要求，直接决定了未来品牌的快速发展。而因为初创企业从未进行过品牌的经营，所以，学习能力、管理与控制能力及文化能力往往不足。创业者的激情往往来自某种新发现的市场创新机会，因此，对于品牌资源极其匮乏的创业者而言，能否走过品牌成长期而不夭折的关键是其创新能力的高低。

2. 品牌孕育期的潜力品牌区域

孕育期内品牌有可能处于潜力品牌区域。这种情况主要是指，老企业推出新的品牌。因为老企业经营了多年，已经积累了丰富的品牌经营经验，所以在创新、学习、管控、文化等方面具备了相当的能力，隐性品牌资产具有较高的水平，虽然显性品牌资产为零，但品牌资产的综合价值也具有较高的水平。此外，老企业经营多年累积了丰富的品牌资源，这一切同样为新品牌的成功打下了良好的基础。正如上述分析，由于具备先天优势，老企业推出新品牌的成功概率较高。在隐性品牌资产的四大要素中，最重要的依然是品牌的创新能力。老企业通常强调秩序与控制，尊重历史与传统，往往管理与控制能力及文化能力较强，而创新与学习能力偏弱，隐性品牌资产四大要素的发展是不均衡的。老企业推出新品牌的目的，通常是适应环境的变化而做出的经营政策调整，原来品牌的形象与定位不易改变，因而期望通过新品牌的推出达到适应环境改变的目的。为成功达到上述目的，品牌的创新能力是关键，品牌创新能力的高低直接决定了未来新品牌的前途。

4.3.2.2 品牌成长期

品牌成长期是指，品牌正式上市之后的一段时期。品牌经营者通过对孕育期建立的品牌政策的执行，初步建立了一定的品牌知名度与品牌形象，显性品牌资产开始增值。在品牌成长期，一方面，品牌经营者在实践中对孕育期的品牌政策进行反思与总结，重新调整品牌政策；另一方面，品牌经营环境进一步变化，品牌经营者必须不断调整品牌政策以适应新的环境变化。品牌政策的上述调整，直接决定了品牌成长期的长短以及品牌资产价值的未来走势。品牌组织在此过程中，也在不断积累自身创新、学习、管控、文化等项动态核心能力，隐性品牌资产积累速度与显性品牌资产积累速度的对比，将影响品牌资产发展的未来。根据隐性品牌资产与显性品牌资产的对比，成长期品牌可能处于萌芽品牌区域、潜力品牌区域与危机品牌区域。

1. 品牌成长期的萌芽品牌区域

初创企业的初创品牌由于先天品牌资源匮乏，品牌的经营能力也不足，在品牌正式上市之后，与产业内其他品牌的竞争中落在下风，因而品牌知名度等显性品牌资产的积累非常缓慢，品牌也未能在实践中迅速提高创新、学习、管控、文化等品牌动态核心能力，所以，品牌不能及时摸索出一条适应自身发展的道路。在这种状态下生存的品牌是非常危险的，任何风波都可能导致品牌的夭折。

品牌在成长期内脱离危险的萌芽品牌区域的关键，是迅速培养隐性品牌资产，进入潜力品牌区域。在品牌成长期，萌芽品牌所面临的最大问题就是生存问题，为保持生存品牌必须不断处理突发事件，应付不测的风险，并极力维持自身的现金流，为企业寻找能够维持生存的业务来源，未来的宏图大业必须建立在生存的基础之上。因而对品牌来说，隐性品牌资产的四大要素中最重要的是管理与控制能力，萌芽品牌在成长期必须面对现实，通过培养自身的管理能力来加强自身的执行能力，提高各项工作的效率，通过培养自身的控制能力来加强对企业各项经济要素的控制，探索出一条适应品牌现状的发展道路。当然，品牌的创新能力、学习能力与文化能力也应有意识地进行培养。

成长期内萌芽品牌的显性品牌资产的积累非常缓慢，显性品牌资产的三大要素——品牌认知、品牌态度、品牌形象的积累均需要资源投入，所以，在资源匮乏的状况下，萌芽品牌应着力于适应自身的低资源消耗型的显性品牌资产积累之路。

2. 品牌成长期的潜力品牌区域

成长期的潜力品牌存在两种情况，一种是老企业推出新品牌，依托所掌握的品牌资源及先天的隐性品牌优势，在新品牌上市后，品牌认知迅速提高，品牌资产综合价值随之迅速上升，但在这一时间段显性品牌资产仍未能赶上隐性品牌资产；另一种是初创企业的初创品牌上市后，显性品牌资产虽然增长缓慢，但经过市场磨炼品牌经营能力迅速提升，品牌资产的综合价值也在上升。

对于成长期内的潜力品牌来说，隐性品牌资产的四大要素中管理因素与控制因素最重要。这是因为无论是老企业还是新企业在品牌成长期都必须执行品牌孕育期所规划的品牌政策，在这一阶段执行力扮演着重要角色，而管理要素与控制要素正是确保执行力的关键要素。老企业的文化因素，也是配合管控因素加强执行力的重要因素。

对于潜力品牌的成长期，显性品牌资产各要素中应重点培养品牌认知，通过各项营销活动提高品牌的知名度与品牌的核心理念。因为品牌刚刚上市，消费者一时很难接受过多的宣传内容。

3. 品牌成长期内的危机品牌区域

成长期内的危机品牌同样存在两种情况。一是老企业推出新品牌，老企业的品牌资源非常丰富，而隐性品牌资产偏低。品牌上市后，通过不计成本的投入迅速积累了较高的显性品牌资产。二是初创企业的初创品牌遇到了良好的发展机遇。特别是遇到产业发展的黄金时期，市场需求迅速放大，产业竞争并不激烈，即使在品牌的经营能力以及品牌资源并不强大的情况下，显性品牌资产依然可以获得迅猛发展，而隐性品牌资产相对滞后。从表面上看，品牌经营一派繁荣，销售收入飞速增长，品牌知名度迅速上升，但由于品牌动态核心能力远远落后于显性品牌资产的发展，品牌的危机已经潜伏下来。一旦危急时刻到来，品牌很可能在这一阶段夭折，无法走入品牌生命周期的成熟期。

对于成长期内的危机品牌来说，隐性品牌资产的四大要素中同样是管理与控制因素最重要。这是由于危机品牌避免危机的最有力手段，就是避免被表面的胜利冲昏了头脑，迅速提高自身管理与控制能力，在危机时刻保持生存状态。

对于危机品牌的成长期，不能被迅速建立的品牌认知所陶醉，而应进一步将注意力放在品牌态度甚至品牌形象的塑造上，从而稳固已经积累的显性品牌资产。

4.3.2.3 品牌成熟期

很少有品牌能够真正进入品牌成熟期，绝大多数品牌将夭折在品牌成长期甚至品牌孕育期，只有进入成功品牌区域的品牌才能进入品牌成熟期。品牌成熟期是指，隐性品牌资产与显性品牌资产协调均衡发展，均达到了产业内较高的水平。一方面，品牌培养了较高的动态核心能力，对环境变化反应敏捷，在产业内品牌之间的竞争中占据优势，牢固树立了产业内的领先地位；另一方面，显性品牌资产较高，品牌在市场上占据了主流地位，品牌资源不断得到累积，品牌资产进入良性循环。成熟期品牌资产综合价值的增值进入平稳阶段，在品牌经营环境无大变化的情况下，品牌资产进一步增值的空间有限。在此阶段，由于品牌经营环境相对进入均衡状态，品牌政策调整的空间不大，与产业内其他品牌的竞争陷入僵局。

在品牌的成熟期，隐性品牌资产的各个因素应协调发展，创新能力与学习能力使品牌保持对环境变化的敏感性，而管控能力与文化能力保证了品牌强大的执行力，而文化能力又扮演了其他三个因素的整合因素。由于成熟期环境的相对稳定性，作为整合因素的品牌文化能力的培养应作为品牌的重点任务。

在成熟期内，显性品牌资产的培养重点应侧重于对品牌态度特别是品牌形象的树立，各项营销活动应做出相应调整，以此进一步巩固品牌资产的综合价值。

4.3.2.4 品牌保护期

品牌保护期是指，品牌成熟期之后的一段时期，在这段时期环境的变化由量变到质变，突破了短期的均衡状态，环境的彻底改变影响了整个产业的竞争格局，并为品牌资产的发展带来新的变数。在变局之下，品牌经营者必须利用自身的动态核心能力对原来的品牌政策做出改变，淘汰那些不适应的品牌政策，通过创新与学习建立新的更加适应环境的品牌政策，并动员全体员工坚决贯彻新的品牌政策，实现品牌的蜕变与革新。品牌保护期内品牌资产的未来走向，由品牌所处的品牌资产分析方格的区域决定。

1. 保护期的成功品牌区域

成功品牌在品牌的保护期内有意识地培养整个品牌组织的创新能力与学习能力，建设强有力的执行能力，营造整个品牌组织内部的鼓励创新、学习、执行为特色的品牌文化氛围，随着时间的推移，进一步加强了品牌的动态核心能力，使隐性品牌资产远远超过了产业内品牌的平均水平，创造了相对竞争优势。当环境的短期均衡被打破时，对产业内的每个品牌来说，新的机遇与威胁就出现了。成功品牌利用自身所培养的高于竞争品牌的动态核心能力，充分利用环境所提供的机遇，在分析自身资源的基础之上规划与执行最正确的新品牌政策，从而获取最大收益，使显性品牌资产进一步增长，品牌资源进一步累积，拉动品牌资产价值进入新一轮增长周期。

对于保护期内的成功品牌而言，因为品牌已上市多年，管理能力、控制能力与文化能力往往是不容易退化的，而创新能力与学习能力往往随着品牌经营者的老化而衰退。面临变局，创新与学习能力是品牌能否再创辉煌的关键，因此，能够成功度过保护期的蜕变过程的品牌一般都拥有较强的创新与学习能力。

保护期环境的改变，已经动摇了品牌认知、品牌态度及品牌形象的基础，因此，品牌经营者必须对被环境动摇的显性品牌资产部分进行改变，并策划新的营销活动来完成品牌资产的活性化。

2. 保护期的危机品牌区域

在保护期内,随着品牌经营者的老化,品牌的创新与学习能力开始下降,而产业内其他品牌的动态核心能力在进一步提升,因而相对隐性品牌资产明显下降。这表现在品牌经营思想上的僵化与固执,过于迷信品牌过去的成功模式,无视环境的改变。当变局出现后,危机品牌对环境的变化反应缓慢,过去的品牌资源成为不忍放弃的包袱,被环境动摇的品牌认知、品牌态度及品牌形象的基础迟迟不能得到修复,于是显性品牌资产不断弱化,品牌资源不断被消耗,品牌资产综合价值曲线向下延伸,甚至导致品牌死亡,退出市场。

第 5 章　品牌资产价值评估

5.1　品牌资产价值评估的意义及原则

5.1.1　品牌资产价值评估的意义

5.1.1.1　品牌资产价值评估有利于企业进行兼并、收购和合资活动

由于品牌兼并、收购热潮，使得许多企业意识到应该对现有品牌资产的价值进行掌握，对被兼并企业、收购方企业的品牌资产价值也要清楚。在经济活动中，品牌资产价值评估有利于企业与其他企业进行合作经营和自身品牌延伸的发展。目前，将品牌资产从公司其他资产中分离出来进行财务交易的做法，是企业资本运营的一种手段。

5.1.1.2　品牌资产价值评估有利于企业内部管理，提高投资决策效率

品牌资产价值评估对建立和管理品牌资产是非常有价值的。品牌资产价值评估的结果，可以为企业经营者提供管理依据、决策依据。品牌资产的价值在企业中是个战略性问题，是企业保持竞争优势和获取长期利润的基础。企业的竞争战略一般可细分为低成本战略、差异化战略和集中化战略三种类型。品牌资产的价值，现已演变为企业获取差异竞争优势的关键。品牌资产价值评估不仅掌握了品牌资产的量化价值，同时对公司各个品牌资产价值作出评估后，有利于公司的营销人员和管理人员对品牌投资作出明智的决策，合理分配资源，减少投资浪费。企业可以从价值的角度揭示本企业与其他企

业的差异，有利于企业及时把握品牌资产状况，加强品牌资产管理，提升品牌资产价值，从而提高企业竞争力，有利于企业持续发展。

5.1.1.3 品牌资产价值评估有利于企业提供全面的财务信息

随着知识经济时代的到来，无形资产在企业中占有重要的地位，品牌资产价值在企业总资产中所占的比例也越来越大。因此，对品牌资产价值进行评估，有利于向评估报表使用者提供相关信息，满足经营者正确报告受托责任的要求，满足与企业有利害关系的各方进行正确决策的需要。对品牌资产价值进行评估，是品牌资产价值量化的前提，品牌资产价值的量化会改善企业资产负债的状况，减少负债比率，有利于企业提高融资能力，企业可以借助于质押融资等方式，利用品牌资产筹集资金。

5.1.1.4 品牌资产价值评估有利于利益相关者对公司价值的了解与掌握

品牌资产价值评估可以让公司的利益相关者了解公司品牌资产价值的信息有以下三点：（1）品牌资产价值评估的结果让资本市场对公司的价值有较为正确的认识，同时，有价值的品牌资产能够激励投资者信心，从而提高投资者投资、融资的交易效率。在品牌特许经营、品牌许可使用、品牌质押贷款等经营活动中，品牌资产价值评估尤为重要。（2）品牌资产价值不但向公司外的人传达公司品牌资产的健康状态和发展，更重要的是向公司内所有员工传达公司的信念，激励员工的信心。（3）品牌资产价值评估对于消费者而言，可以减少其购买成本。消费者的购买过程是一个搜集信息和比较选择的过程，消费者倾向于购买那些他们认为能提高顾客让渡价值的品牌产品。品牌资产价值评估能提供的相关信息，有助于帮助消费者快速作出购买决策，从而减少购买成本。

5.1.2 品牌资产价值评估的原则

5.1.2.1 收益性原则

在品牌资产价值评估过程中，我们要明确品牌资产的价值可以不受历史成本的限制，而由未来收益的期望值决定。品牌资产价值的高低，主要取决于其未来的收益能力。从效用理论来看，某种品牌资产取得时的成本可能并不是很高，但当它被转让时，如果对购买方来说效用很高，其价值可能就会很高；反之，某种品牌资产尽管账面成本很高，但当它被用作投资时，如果预计其不会给被投资单位带来较为客观的效益，其价值就不会很高。

5.1.2.2 客观性原则

在品牌资产价值评估中所采用的数据资料必须是真实可靠的，尤其是自创品牌资产价值的评估，其评估结果必须客观地体现被评估品牌资产的实际价值，要防止任何低估、漏估品牌资产价值的行为。

5.1.2.3 一致性选择

在品牌资产价值的评估中，如涉及多个企业的品牌价值评估，在同一行业中尽可能在计量时间上同步或相对同步。另外，同一行业乃至同一企业在不同时期的计价资料、计量标准和计量方法的选择应尽量统一，从而有利于通过品牌资产价值的视角对行业制度发展规划、企业管理升级的评定和企业之间的公平竞争以及企业经营业绩进行考核。

5.1.2.4 公平性原则

品牌资产价值的评估必须遵循公平、公正的原则，要以客观实际为依据，真正体现其价值，不能偏向其中的任何一方，要兼顾国家、企业和个人三方面利益。

5.1.2.5 动态性原则

品牌资产价值不是一成不变的，其高低变动反映的是企业实力的增减、品牌竞争力的强弱。品牌资产价值是检验品牌管理是否有效、品牌策略是否正确的客观标准，也为企业带来了品牌管理信息，为纠正存在的问题、制定品牌策略、产品结构调整等指明了方向。因为品牌资产价值并不是一个静态的数据，而是建立在一连串动态变量之上的，不仅与产品有关，还与消费者、企业经营管理能力、经济环境等因素有关。

5.1.2.6 全面性原则

由于影响品牌资产价值的因素是多方面的，无论从哪个角度去理解和评估品牌资产价值，其价值构成因素都应是一个有机体。因此，对品牌资产价值的评估必须全面、系统地考虑各种影响因素，以避免评估结果的片面性。无论采用何种观点构建或选择品牌价值评估方法，均应确保其评价体系的来源与品牌资产价值内涵的全面性。

5.1.2.7 可操作性原则

品牌资产价值评估不仅是理论研究，同时具有应用价值，品牌资产价值评估中的可操作性是很重要的。可操作性除了指在实践中可以得到所需的数据结果外，同时也尽量做到节省资源、提高效率。计算品牌资产价值所需数据要尽可能地少，同时尽量使用易于获取并且能够直接获得的客观性指标，以减少大批量品牌资产价值比较中不必要的工作量。

5.2 企业视角品牌资产价值评估方法

5.2.1 财务要素的品牌资产价值评估方法

5.2.1.1 收益现值法

收益现值法又称为收益法，该方法是通过估计未来的预期收益（一般是"税后利润"指标）并采用适宜的贴现率折算成现值，然后，累加求和，计算出品牌资产价值的一种评估方法。

收益法认为，品牌资产的价值在于其提供未来收益的能力，评估品牌资产价值时应从其直接收益或净现值出发。因此，收益法着重考虑品牌资产带来的未来收益，通过在企业有形资产收益和无形资产收益的总和中，剔除有形资产、能够降低成本的其他非品牌资产因素和产业因素等，就可以从企业的总体价值中识别出品牌资产的价值。收益法在计算品牌资产价值时有两个独立的过程：（1）需要分离出品牌的净收益，计算品牌资产过去的终值（过去某一时间段内发生的收益价值的总和）；（2）预测品牌的未来收益，计算品牌资产未来收益的现值（将来某一时间段上产生的收益价值的总和）。

5.2.1.2 成本法

成本法是将品牌资产价值看成是获得品牌或创建品牌所需的费用（包括所有的研究开发费用、试销费用、广告促销费用的投入）。该方法又细分为历史成本法和重置成本法。

（1）历史成本法是沿用会计计量中的传统做法，把品牌价值看成是取得品牌资产时所付出的现金或现金等价物，依据品牌资产的购置和开发的全部原始价值估计。主要计算对该品牌资产的投资，包括设计、创意、广告、促销、研究、开发、分销等。

（2）重置成本法是按品牌资产的目前状况重新开发创造成本，减去其各项损耗价值来确定品牌资产价值的方法，即如果现实获得相同品牌或相当品牌要花费的资金。重置成本是第三方愿意出的价格，相当于重新建立一个全新品牌资产所需要的成本。

对于品牌重置成本的计算，按照来源渠道，品牌资产可以是自创品牌资产或外购品牌资产，其重置成本的构成是不同的。企业自创品牌资产由于受目前会计制度的制约，一般没有账面价值，只能按照现时的成本费用标准估算其重置的价格总额；外购品牌资产的重置成本一般有可靠的品牌资产的账面价值，可以利用物价指数进行计算。需要说明的是，品牌资产原则上不受使用年限的限制，但有年限折旧因素的制约，但不同于技术类无形资产的年限折旧因素。品牌资产主要是受经济性贬值（外部经济环境变化）和形象性贬值（品牌形象落伍）的影响，技术类无形资产主要受功能性贬值（技术落后）的影响。使用重置成本法计算外购品牌资产价值的计算步骤，如图 5-1 所示。

5.2.1.3 股票市值法

股票市值法是上市公司品牌资产价值评估的一种方法。该方法的基本思路是以上市公司的股票市值为基础，将有形资产从整合资产中分离出来，然后，再将品牌资产从无形资产中剥离出来。股票市值法品牌资产价值的计算步骤，如图 5-2 所示。

```
┌─────────────────────────────────────┐
│ 步骤1：计算品牌成新率                │
│ 品牌成新率＝剩余使用年限÷（已使用年限＋剩余使用│
│ 年限）×100%                         │
└─────────────────────────────────────┘
                  ⇩
┌─────────────────────────────────────┐
│ 步骤2：计算品牌资产重置成本          │
│ 品牌资产重置成本＝品牌资产账面原值×（评估时│
│ 的物价指数÷品牌资产购置时的物价指数） │
└─────────────────────────────────────┘
                  ⇩
┌─────────────────────────────────────┐
│ 步骤3：计算品牌价值                  │
│ 品牌价值＝品牌重置成本×成新率        │
└─────────────────────────────────────┘
```

图 5－1 使用重置成本法计算外购品牌资产价值的计算步骤

资料来源：笔者绘制。

```
┌─────────────────────────────────────┐
│ 步骤1：计算公司总市值                │
│ 公司总市值＝单位股价×公司总数        │
└─────────────────────────────────────┘
                  ⇩
┌─────────────────────────────────────┐
│ 步骤2：计算无形资产价值              │
│ 无形资产价值＝公司总市值－有形资产价值 │
└─────────────────────────────────────┘
                  ⇩
┌─────────────────────────────────────┐
│ 步骤3：建立影响品牌资产各因素与品牌资产之间的函数关系│
│ （1）确定影响品牌资产各因素          │
│ （2）建立这些因素与品牌资产之间的函数关系│
└─────────────────────────────────────┘
                  ⇩
┌─────────────────────────────────────┐
│ 步骤4：计算影响无形资产各因素对无形资产的贡献率│
│ （1）建立影响无形资产的各因素及整个公司股票价值之间的数│
│ 量模型                               │
│ （2）计算各因素对股市价值的贡献率    │
│ （3）计算各因素对无形资产的贡献率    │
└─────────────────────────────────────┘
                  ⇩
┌─────────────────────────────────────┐
│ 步骤5：计算品牌资产价值              │
│ （1）计算品牌资产在整个无形资产中所占的比例，该比率记为K│
│ （2）品牌资产价值＝无形资产价值×K    │
└─────────────────────────────────────┘
```

图 5－2 股票市值法品牌资产价值计算步骤

注：有形资产价值用重置成本法计算。

资料来源：笔者绘制。

5.2.1.4 市场法

在市场法下，品牌资产是活跃市场中自由交易的买者和卖者之间交换品牌财产的总值，品牌资产是拥有品牌财产的所有权而产生的未来收益的现值。

市场法的主要计算步骤为以下五步：（1）选择一个或几个与评估对象相同或类似的品牌或行业作为比较对象；（2）分析比较它们之间的成交价格、交易条件、资本收益水平、新增利润或销售额、技术先进程度、社会信誉等因素；（3）进行对比调整后，估算该品牌的扩展潜力和发展潜力及剩余生命周期； （4）确定一个适当的品牌所能带来的收入；（5）确定一个能反映购买或拥有该品牌资产的风险贴现率。

5.2.2 财务要素和市场要素品牌资产价值评估方法

5.2.2.1 国际品牌集团（inter brand）公司品牌评估方法

国际品牌集团（inter brand）公司是世界上著名的品牌资产评估公司。自1990年至今，国际品牌集团公司每年都会在美国《商业周刊》发布全球顶级品牌排行榜，评选出"100个世界最有价值的品牌"。因特尔品牌集团公司使用的评估方法在同时考虑了财务要素和市场要素后，对品牌当期利润进行调整，从而预测品牌资产的价值，这种预测是对品牌资产价值未来增长潜力的预测。尽管品牌价值评估方法多种多样，但是目前使用较广、影响力较大的还是国际品牌集团公司品牌价值评估方法。因特尔品牌集团公司发布的品牌资产价值排名，一直受到产业界和新闻媒体的关注。

5.2.2.2 美国《金融世界》（Financial World）品牌价值评估方法

美国《金融世界》（Financial World）自1992年起每年公布一次全球最有价值品牌排行榜。《金融世界》方法与国际品牌集团公司的方法基本接近，主要不同之处是《金融世界》更多地关注专家意见，同时，该方法更强调品牌的市场业绩。主要评估思路如下。

（1）从公司销售额开始，通过专家对行业平均利润率的估计，以此计算公司营业利润，然后，再从营业利润中剔除与品牌无关的利润额。例如，资本净收益（资本报酬率和税收要根据专家意见估算出），从而最终得出与品牌相关的收益。

（2）根据国际品牌集团的品牌强度7因子模型估计品牌强度系数，品牌强度系数的范围在6~20区间。

（3）计算出品牌价值：

$$品牌价值 = 纯利润 \times 品牌强度系数 \tag{5.1}$$

在具体评价时，《金融世界》评价法并没有全部采用各相关公司的实际数据，而是通过咨询财务分析师、商会或阅读财务报表甚至咨询被评价公司的竞争对手等方法来收集数据。该方法之所以这样操作，是基于以下原因：某些公司的实际财务数据难以完全获得；由于不同公司财务制度不同，避免不同企业提供数据的不可比性；避免与被评价者产生利益关系。

5.2.2.3 北京名牌资产评估有限公司评估方法

北京名牌资产评估有限公司在借鉴国际品牌集团公司的品牌评估方法的基础上，以中国的实际情况为基础建立了一套品牌评估体系。该公司从1995年开始每年编制《中国最有价值品牌排名报告》，到2017年已经颁布了22年。该公司的评估活动对中国的品牌评估业具有极大的影响，可以作为衡量中国品牌现状的一个重要参考。[①] 该方法的理论基础是对世界品牌六大特征（可观的市场占有份额、可观的超常创利能力、较强的出口能力、较强的法律保护、超常的国际化能力、有力的公司支持）的研究成果。根据世界名牌的六大特征并结合中国品牌竞争的发展现状，北京名牌资产评估有限公司定义了三个反映品牌竞争以及品牌价值状况的指标，即，品牌的市场占有能力、品牌的超值创利能力以及品牌的发展潜力，并创立了最有价值的品牌评估方法。

---

① 韦福祥. 品牌战略研究 [M]. 兰州：甘肃文化出版社，2000.

5.3 消费者要素品牌资产价值评估方法

5.3.1 消费者要素和财务要素品牌资产价值评估方法

在此，我们主要分析溢价法。溢价法的基本思路是，品牌资产价值的大小可以通过消费者因选择这一品牌而愿意支付的额外费用来衡量。即相对同类无品牌或竞争品牌，消费者愿意为某一品牌而付出的额外费用。这种方法不仅可以对某单个品牌资产的价值进行评估，同时可应用该方法对两个品牌资产之间的比较价值进行评估，从而可对品牌资产所造成的价格差异进行较为准确的衡量。

使用溢价法主要是通过对消费者进行调查，通过比较同一种产品消费者对两种品牌愿意支付的价格从而确认品牌价值。溢价法可以在可控制的较小市场范围内进行比较实验，计算出差价。差价乘以该品牌的销量即为品牌的超额利润，再用超额利润除以品牌所在行业的平均利润即得到该品牌价值。

例如，某一品牌产品的市场售价为10元，销量为10 000件，消费者不在乎品牌，其可接受价格为5元，行业平均投资利润率为20%，则该品牌资产价值为：

$$品牌资产价值 = (10-5) \times 10\,000 \div 20\% = 250\,000（元）$$

使用该方法涉及无品牌产品参照物的选择。无品牌产品参照物的选择可以通过三个途径获取：（1）艾克提出使用私有（或商店）品牌代替，但这并不准确，因为欧美国家的很多商店自有品牌（如沃尔玛、家乐福等）已有很高品牌权益；（2）可通过询问消费者相对于无品牌的产品，消费者愿意为目标品牌多支付的价格来获得；（3）可将品牌作为产品的一个属性，通过联合分析方法计算获得，但联合分析方法计算过程比较复杂，不能分析具有较多属性的产品。

5.3.2 消费者和市场要素品牌资产价值评估方法

5.3.2.1 品牌资产十要素（brand equity ten）模型

品牌资产十要素模型在评估品牌资产时主要考虑五个方面：忠诚度、认知质量或领导能力、品牌联想或差异化、品牌认知与市场行为，并提出了这五个方面的十项具体评估指标。（1）品牌忠诚度评估：价格优惠；满意度或忠诚度。（2）认知质量或领导品牌评估：感觉中的品质；领导品牌或普及率。（3）品牌联想或差异化评估：感觉中的价值；品牌个性；公司组织联想。（4）认知评估：品牌认知。（5）市场行为评估：市场份额；市场价格和分销区域。赋予每个要素10%的权重，加权求和。

5.3.2.2 品牌财产评估（brand asset valuator）电通模型

品牌财产评估电通模型每三年进行一次消费者调查，使用邮寄自填问卷，覆盖了19个国家（地区）450个全球性品牌及24个国家（地区）的8000多个区域性品牌。在该模型中，考虑消费者主要使用以下四个方面指标对品牌资产价值进行评估：

（1）差异性（differentiation），是指品牌在市场上的独特性及差异性程度。

（2）相关性（relevance），是指品牌与消费者相关联的程度，品牌个性与消费者适应程度。

（3）品牌地位（esteem），是指品牌在消费者心目中受尊敬的程度、档次、认知质量以及受欢迎程度。

（4）品牌认知度（knowledge），是指衡量消费者对品牌内涵及价值的认识和理解的深度。

在消费者评估结果的基础上，该模型建立了两个因子：

（1）品牌强度（brand strength），是差异性与相关性的乘积。

（2）品牌高度（brand stature），是品牌地位与品牌认知度的乘积，进而构成了品牌力矩阵，可用于判别品牌所处的发展阶段。

5.3.2.3 品牌资产趋势（equity trend）模型

品牌资产趋势模型由美国整体研究（Total Research）公司提出，每年调查 2000 位美国消费者，尽管其调查的范围和问卷的长度都不如品牌财产评估（brand asset valuator）电通模型。但该模型是由美国整体研究公司在长期数据统计的基础上建立的，经过多年调查积累了较大的数据库，因而可以更好地理解各品牌资产的运行机制及运行效果。

品牌资产趋势（equity trend）模型评估品牌资产价值时，主要通过以下三个指标：（1）品牌的认知程度（salience），消费者对品牌的认知程度，可以分为第一提及知名度、提示前知名度及提示后知名度；（2）认知质量（perceived quality），该指标是品牌资产趋势模型的核心，因为消费者对品牌质量的评估直接影响品牌的喜欢程度、信任度、价格以及向别人进行推荐的比例；（3）使用者的满意度（user satisfaction），指品牌最常使用者的平均满意程度。

综合每个品牌在上述三个指标中的表现，就可以计算基于品牌资产趋势模型的品牌资产价值得分。根据该模型的数据库及调查结果，美国的领导品牌多年来的排名顺序都比较稳定且一致。

5.3.3 消费者要素品牌资产价值评估方法

5.3.3.1 品牌资产引擎（brand equity engine）模型

品牌资产引擎模型是国际市场研究集团（research international）提出的品牌资产研究专利技术。该模型认为，虽然品牌资产的实现要依靠消费者购买行为，但购买行为的指标并不能揭示消费者心目中真正驱动品牌资产的关键因素。品牌资产归根结底是由消费者对品牌的看法，即品牌的形象决定的。

品牌资产引擎模型将品牌形象因素分为两类：一类因素是硬性属性，即对品牌有形属性或功能性属性的认知；另一类因素是软性属性，反映品牌的情感利益。

品牌资产引擎模型建立了一套标准化问卷，通过专门的统计软件程序，可以得到所调查的每一个品牌资产的标准化得分。得出品牌在亲和力（affinity）和利益能力（performance）这两项的标准化得分，并进一步分解为各子项的得分，从而可以了解每项因素对品牌资产总得分的贡献，以及哪些因素对品牌资产的贡献最大，哪些因素是真正驱动品牌资产增加的因素。

5.3.3.2 消费者品牌资产（CBBE）模型

凯勒（2001）构建了消费者品牌资产模型（CBBE），从消费者的角度给出了品牌资产的定义，并以此视角进行品牌资产价值测量和品牌资产价值管理。消费者品牌资产模型假定品牌资产取决于消费者对于该品牌以前所看到的、听到的和了解到的信息，取决于该品牌在消费者心目中的形象。

消费者品牌资产模型的主要特色是给出了品牌资产建设的四个步骤，并给出了这四个步骤对应的消费者最基本的四个问题，如图 5-3 所示。从品牌识别到品牌关系的四个步骤是紧密相连而且有序的，任何一个步骤的执行都要以前面几个步骤的成功完成为基础，因此，凯勒形象地称之为品牌阶梯。为了将这四个步骤可操作化，凯勒进一步将这四个步骤分解为六个模块：品牌卓越、品牌表现、品牌形象、消费者判断、消费者情感、品牌共鸣。

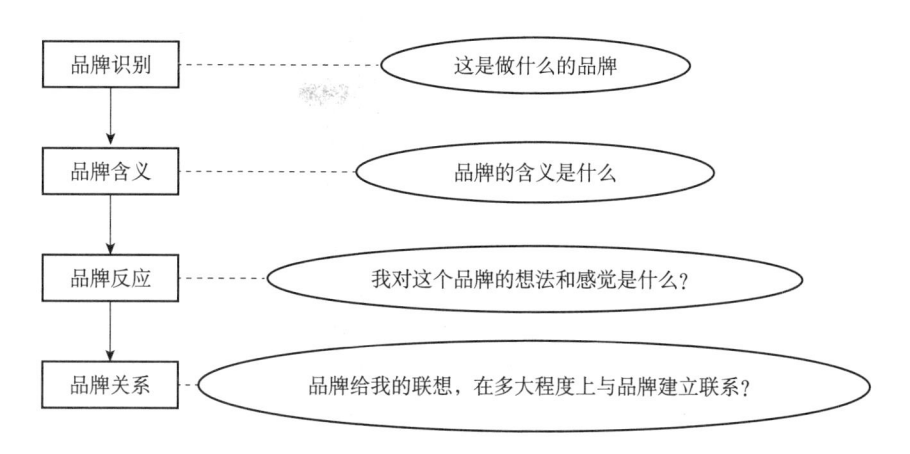

图 5-3　消费者品牌资产（CBBE）模型品牌资产建设的四个步骤

- 品牌识别 —— 这是做什么的品牌
- 品牌含义 —— 品牌的含义是什么
- 品牌反应 —— 我对这个品牌的想法和感觉是什么？
- 品牌关系 —— 品牌给我的联想，在多大程度上与品牌建立联系？

5.3.3.3 品牌忠诚因子法

中文文献，如范秀成和冷岩（2000）提出了品牌价值评估的忠诚因子法，这是基于顾客消费行为的一种品牌价值评估方法。该方法认为，品牌价值来自消费者对品牌的认知程度，可以通过消费者的购买行为体现出消费者对品牌的忠诚。品牌之所以对企业有价值，其根本原因在于品牌先对消费者有价值。通过对消费者进行调查，可以确定品牌在消费者心目中的价值。其计算公式为：

$$品牌价值 = 忠诚因子 \times 周期购买量 \times 时限内周期数 \times 理论目标顾客基数 \times (单位产品价格 - 单位无品牌产品价格) \tag{5.2}$$

5.4 品牌资产价值评估方法评析

5.4.1 企业视角品牌资产价值评估方法评析

基于企业视角品牌资产评估方法的总体特点，可以归纳为以下两点：一是这类品牌资产评估方法对高层管理者和金融市场很有吸引力，因为这类方法所提供的指标可以为使用者提供一个总体的品牌价值，给出明确的品牌货币价值，这种方式便于使用者理解，同时便于将品牌资产价值传播给各利益相关者；二是这类品牌资产价值评估方法具有一定的理论基础。该类方法可以对营销决策的效果进行衡量，便于企业间的横向比较、纵向比较，评估结果可作为财务报告和金融交易的重要依据。在该类品牌资产价值评估方法中，Inter brand 品牌价值评估方法和 Brand Finance 品牌价值评估方法都是基于未来收益而对价值进行评估的，对于成熟且稳定的市场品牌而言，是较为有效的品牌资产价值评估方法，其品牌资产价值评估的思想具有重要意义。

如图 5-4 所示，该图对 5.3 节中提到的企业视角品牌资产价值综合评估方法进行评析。

5.4.2 消费者要素品牌资产价值评估方法评析

以消费者要素评估品牌资产价值主要基于以下考虑：如果品牌对于消费者没有任何价值，那么，品牌对于投资者、生产商或零售商也就没有任何意义了。消费者是品牌资产的源头，对品牌的心理认知能够预测市场潜力。所以，该类评估方法有如下四个特点。

（1）认识到消费者对品牌及品牌价值形成所起的驱动作用，并试图站在消费者角度全面衡量其对品牌价值的贡献程度，这在当今品牌种类繁多、竞争非常激烈的市场环境下有着非常重要的意义。

（2）该方法着眼于从消费者角度评估品牌强度，即品牌在消费者心目中处于何种地位。比如，消费者对品牌的熟悉程度、忠诚程度、品质感知程度、消费者对品牌的联想等。

（3）该方法分析了品牌价值的构成要素，能够诊断品牌的现状并预测其未来发展，从而有助于企业的营销决策。

（4）通过对消费者关系指标的横向比较、纵向比较，市场营销人员和企业管理人员可以找到品牌在当前发展中的优势与劣势，有针对性地开展品牌的管理工作，有利于提升企业的品牌价值。

该类方法的局限性有四个方面。

（1）模型过分依赖认知质量等"软"指标，评估结果缺乏客观性。

（2）过多考虑了消费者因素，未考虑企业对品牌价值的影响。品牌是一种无形资产，是企业和消费者共同作用形成的企业的行为和能力。例如，企业的宣传、品牌的延伸、品牌的创新能力、企业处理危机事件的能力等，都会影响品牌未来的获利能力，进而影响品牌的价值。

（3）使用该方法需要进行大量市场调查，需要动用大量人力和物力，调查的时间比较长。而且，不同的调查范围、调查方式得出的评估结果，都会产生不同的影响。

（4）该方法不能满足相关利益人员对品牌财务价格评估的需求，对公司高层管理者缺少吸引力，不利于品牌资产在金融市场（尤其是在资本并购）中的运作。

综上所述，每一种品牌资产价值评估方法都有其特点并有合理的客观应用基础，但是每一种方法同样有其自身的局限性，因此，这些方法都不能完全、准确地评估品牌资产价值。但每一种方法都会对该种评估的品牌提供一个评估结果，对于评估结果，可能无法得到十分精确的数值，但可以应用同一种方法对众多品牌资产价值评估结果给以排序，可以关注这些参与评估的品牌资产的相对价值；另外，可以比较不同评估方法产生差异的主要原因，每种方法的优势与不足，要对存在不足的地方提出改进建议，从而有助于加强品牌资产价值评估的精确性。

在评价品牌资产价值评估方法的同时，应注意到这些评估方法存在双重性问题：

（1）评估目的的现实性与潜在性；
（2）评估内容的客观性与主观性；
（3）评估角度的单一性和多元性；
（4）评估结果的精确性和模糊性。

要解决这些双重性问题，需要明确品牌资产价值评估的目的，这是在评估工作中应予以慎重考虑的。

5.5　品牌资产价值综合评估模型的构建及应用

5.5.1　品牌资产价值综合评估模型总体设计思路

到目前为止，关于品牌资产的评估方法尚未获得共识。品牌资产价值的评估，要真实反映品牌资产现实情况，不应该单独从某一个视角去评估。财务视角虽然符合资产的定义，但却反映不出品牌资产在价值上的不确定性；单从市场角度或消费者角度去评估，都会割裂企业、市场、消费者之间的联系。影响品牌资产价值的因素很复杂，具有动态性与不确定性，同一品牌与不同的技术和渠道等结合会产生不同的结果。鉴于这些原因，评估品牌资产价值应从多视角相互融合的角度去考虑，从而全面、科学地反映品牌资产的价值。基于以上分析，本书构建了品牌资产价值综合评估模型，该模型的总体设计思路，如图 5-4 所示。

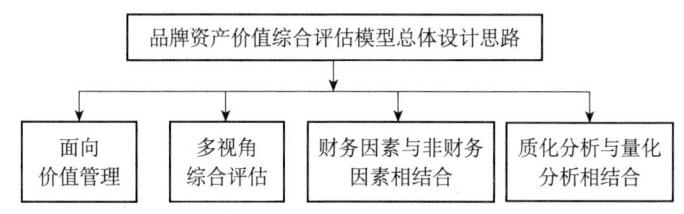

```
品牌资产价值综合评估模型总体设计思路
         ├─────────┬─────────┬─────────┐
      面向        多视角      财务因素与非财务   质化分析与量化
    价值管理    综合评估      因素相结合      分析相结合
```

图 5-4　品牌资产价值综合评估模型总体设计思路

资料来源：笔者绘制。

5.5.1.1　面向市场管理

品牌资产是市场经济主体的重要竞争力，品牌资产价值评估不仅要为特定经济活动中的品牌资产定价服务，也要为品牌资产的价值管理服务。品牌资产价值评估方法应以品牌价值管理为核心，可以为品牌资产交易的成交价格提供基础，可以服务于企业使用品牌资产进行投资、筹资、重组、分配等价值管理活动。

5.5.1.2　多视角综合评估

品牌资产属于企业所有，必须具有持续为企业创造利润的能力，其存在可以为企业创造未来稳定的收益。品牌资产在消费者心目中之所以有价值，是因为得到了消费者的认同和忠诚。品牌资产的价值同样服务于国家和社会，在一定时期内品牌资产要受特定地域人文环境等相关因素的影响。因此，从各种视角综合评估品牌资产价值，才能得出令人信服的结论。

5.5.1.3　财务指标和非财务指标相结合

品牌资产价值评估需要对品牌资产未来的发展趋势作出前瞻性和预见性的估计，品牌资产在一种竞争的环境下存在和发展，因此，不能单独使用财务指标进行评估。例如，不可能只使用销售收入、利润这类简单的财务指标，在评估过程中可以结合影响品牌资产未来发展与竞争力的内在驱动因素建立评估方法。

5.5.1.4　品牌资产质化分析与品牌资产量化分析相结合

品牌资产价值评估的质化分析，主要是专家评分、顾客评分，而品牌资产价值评估的量化分析则是在品牌产品的预期收入中,由于品牌资产作用而使企业所获得的长期、稳定的未来收益数据。可以通过数量化方法将计算结果转化为可计量的指标,与品牌资产价值评估的量化分析指标相结合,从而评估品牌资产的最终价值。

5.5.2 品牌资产价值综合评估模型适用条件

5.5.2.1 适用于完全品牌竞争的行业

在充分的市场竞争中,所选择评估的品牌不是垄断企业的品牌,消费者能够对完全品牌竞争行业的品牌进行选择。由于存在公平竞争的市场环境,企业能够规范操作,可以优胜劣汰。垄断的市场不具备充分竞争的条件,缺乏品牌研究的客观性。所以,本书中品牌资产综合价值评估模型的适用条件,是建立在完全品牌竞争的行业中。

5.5.2.2 适用于公司品牌的评估

本书中品牌资产综合价值评估模型的适用条件是建立在公司品牌的基础上的,主要基于以下三点考虑。(1) 目前市场竞争日益激烈,市场对于品牌所代表的产品差异化要求更高,许多公司都已经意识到品牌形象的重要性。伴随着企业对品牌打造和品牌管理成本的上升,很多企业已经将品牌打造的重心转到公司品牌上,这是品牌战略和品牌管理的趋势所在。(2) 近年来,国内外著名的品牌资产价值社会化评价体系都开始向公司品牌倾斜。(3) 在数据来源上,以公司品牌为评估对象更有利于我们开展研究。如果以产品品牌为评估对象,必须将所有发生的产品品牌收益数据和成本数据从企业中分离出来,这样的数据处理过程存在许多困难。就目前情况而言,中国绝大多数企业,由于品牌管理不规范和不成熟,与品牌资产相关的数据披露是不完整的,产品品牌收益和成本从企业中分离出来往往无据可依,不能满足真实性和客观性的原则。

5.5.2.3 适用于企业自创品牌资产的评估

目前,对于外购品牌资产的财务处理,国际会计准则及美国会计准则认可从外部获得的品牌资产的价值资本化，并允许将其记入资产负债表中。目前，大量产生于企业内部的自创品牌资产还不能进行资本化处理，关于自创品牌资产价值的评估是非常必要的。所以，本书中品牌资产综合价值评估模型的适用条件，是以自创品牌资产为评估对象。

5.5.3 品牌资产价值综合评估模型的构建

基于上述总体设计思路和使用条件的考虑，品牌资产价值综合评估模型设计结构，如图5-5所示。

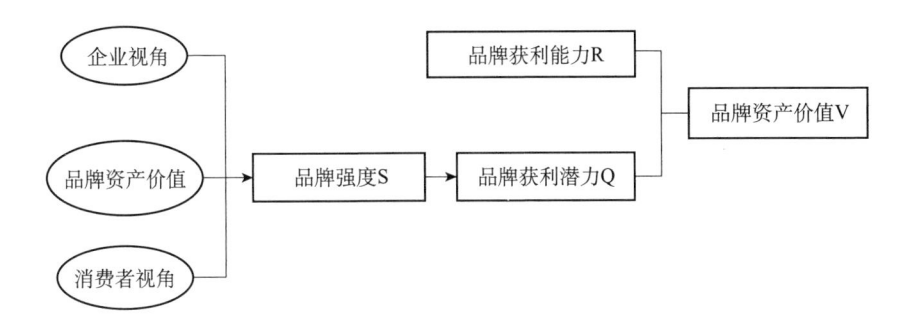

图5-5 品牌资产价值综合评估模型结构

资料来源：笔者绘制。

本书建立的品牌资产价值评估模型，可用式（5.3）表述为：

$$V = R \times Q \qquad (5.3)$$

在式（5.3）中，V是品牌资产价值；R是品牌获利能力；Q是品牌获利潜力。

品牌获利能力是指，由品牌带来的预期利润。一个企业品牌产品的销售利润是由多种要素构成的，除了品牌资产之外，其他要素还包括材料、固定资产、流动资产、人工投入、其他无形资产等。我们要将品牌要素之外的其他要素从品牌产品的销售中剔除后，才是我们要计算的品牌获利能力。

品牌获利潜力指标主要考察的是品牌的预期获利年限，以此反映品牌实现其获利能力的时间长短以及概率的大小。品牌获利潜力将通过品牌强度来确定。在该方法中，品牌强度的评估从三个视角来完成：企业视角、市场视角、消费者视角。这三个视角将具有所有与品牌资产获取收益的潜力，同时，又利于客观地评估品牌资产的价值。

5.5.4 确定品牌获利能力

5.5.4.1 计算品牌产品利润

品牌产品利润＝品牌产品的销售收入－总成本销售税金及附加

$$(5.4)$$

5.5.4.2 计算品牌税前获利能力

品牌税前获利能力＝品牌产品利润－其他资产等因素产生的利润

$$(5.5)$$

在式（5.5）中，其他资产等因素产生的利润主要包括，有形资产获利能力和非品牌其他无形资产的获利能力，用式（5.6）表示如下：

其他资产等因素产生的利润＝有形资产获利能力＋非品牌其他无形资产的获利能力

$$(5.6)$$

1. 有形资产获利能力

有形资产获利能力可以通过行业平均资金利润率来计算，计算公式为：

有形资产获利能力＝有形资产金额×行业的平均资金利润率　(5.7)

品牌产品利润剔除有形资产收益，即可得到无形资产获利能力，无形资产获利能力计算公式为：

无形资产获利能力＝品牌产品利润－有形资产获利能力　(5.8)

2. 非品牌无形资产获利能力

要将品牌资产在无形资产中的获利能力分离出来，需要先确定品牌资产在企业无形资产中所占的比重。在此，我们使用无形资产评估中组合无形资产分割的层次分析法来确定该比重。

层次分析法（analytic hierarchy process，AHP）是美国运筹学家塞蒂（Saaty）在 20 世纪 70 年代末提出的一种定性分析和定量分析相结合的多目标决策分析方法,对于解决多因素、多层次、多目标复杂系统的决策问题具有明显优势。该方法可以将定性指标量化并与定量指标结合到一个评价模型中。它把复杂事物的各种影响因素按照一定的顺序划分成相互联系的层次,使评价者对复杂问题的决策思维判断过程系统化、模型化和数学化。在每一层次中,根据客观实际和经验对各元素指标之间的相对重要性进行量化,从而科学地确立了指标的权重。AHP 的基本过程是将一个复杂的被评价系统按其内在的逻辑关系,构造一个分层评价指标体系,依据领导决策和专家咨询的统计结果,对同一层或同一域的指标进行两两比较,按 1~9 比率标度法构造一致性判断矩阵,并由矩阵的最大特征根求解矩阵的特征方程,得到对应于该特征根的特征向量,最后将特征向量归一化得到各指标的权重向量。具体步骤如下:第一,建立递阶层次结构模型。递阶层次是关于系统结构的抽象概念,是为研究系统各组成部分功能的相互作用,以及它们对整个系统的影响而构造的。通常模型结构分为三层,即,目标层,这一层次中只有一个元素,一般它是分析问题的预定目标或理想结果,因此称为目标层,也称为最高层;准则层,在这一层次中,包含了为实现目标所涉及的中间环节,它可以由若干层次组成,包括所需考虑的准则、子准则,因此,称为准则层,也称为中间层;措施层,这一层次包括为实现目标可供选择的各项支持和各种措施、决策方案等,也称为最底层或方案层。第二,构造两两判断矩阵。应用层次分析法解决决策中的权重分配问题,依据是两两比较的标度和判断原理。塞蒂教授巧妙地运用了模糊数学理论,集人类判断事物好坏、优劣、轻重、缓急的经验方法,提出了 1~9 的比例标度,如表 5-1 所示。

表 5-1　　　　　　　　　　塞蒂给出的比例标度

标度	意义
1	Ui 与 Uj 同样重要
3	Ui 与 Uj 稍微重要
5	Ui 与 Uj 明显重要
7	Ui 与 Uj 强烈重要
9	Ui 与 Uj 极端重要
2、4、6、8	表示上述相邻判断中间值

资料来源:鄢鹏. 层次分析法在投资策略中的应用. 商业时代,2009(1):76-77.

本书品牌资产价值综合评估模型应用层次分析法的基本思路是：将"确定不同无形资产在组合无形资产价值中的权重"作为层次分析法的总目标。其中，各种不同类型的无形资产应作为方案层的各个不同要素，将收益产生的各种原因（在业绩分析中可以确定）作为准则层的诸因素。分清了层次分析法中的三个层次（问题复杂还可以将准则层分为若干子层），就可以在相邻层次各要素间建立联系。邀请企业内外专家或管理人员确定层次间的判断矩阵，根据各判断矩阵最终求出"品牌对总目标的总排序权重值"，即所求的品牌资产在企业无形资产中所占的比重。

非品牌无形资产获利能力 = 无形资产获利能力 ×

（1 - 品牌资产在企业无形资产中所占的比重）

(5.9)

3. 计算品牌获利能力

品牌获利能力 = 品牌税前获利能力 ×

（1 - 适用所得税率）　　　　(5.10)

为避免品牌获利能力波动导致对品牌资产价值的评估产生较大的影响，避免对未来销售收入、销售成本等情况的预测存在不确定性，我们可以将最近三年的品牌获利能力数值采用历史加权的计算方法来确认品牌获利能力指标。设定最近三年的权数由近至远依次为5、3、2，具体计算公式如下：

品牌获利能力 =（当年品牌获利能力 ×5 + 去年品牌获利能力 ×3 +

前年品牌获利能力 ×2）÷（5 + 3 + 2）　　(5.11)

本书在考虑品牌获利能力时，没有以超额收益为基础。品牌资产的价值不完全在于可以带来超额利润或产品溢价，而在于品牌资产可以使其所有者在未来获得较稳定的收益。目前，一些大型企业，由于成本居高不下，使其利润率可能低于许多规模较小的企业，如果使用超额利润计算，其品牌资产价值可能极低，不符合常理。同时，企业所获超额收益不全是由品牌资产带来的，实际上品牌及其他无形资产（专利、土地使用权等）均能给企业带来超额收益。品牌获利能力的计算方法，可以概括如图 5 - 6 所示。

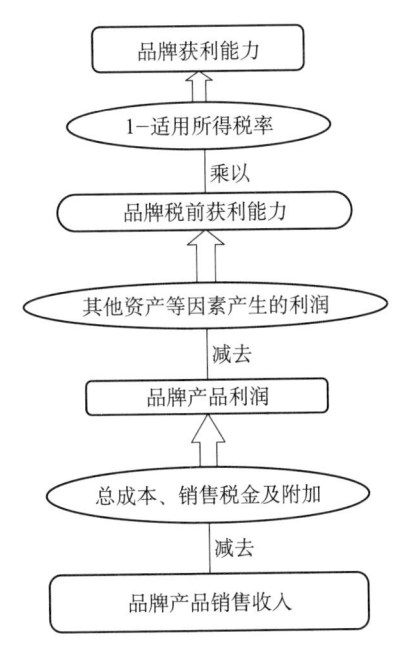

```
          品牌获利能力
              ↑
         1-适用所得税率
              ↑ 乘以
          品牌税前获利能力
              ↑
       其他资产等因素产生的利润
              ↑ 减去
          品牌产品利润
              ↑
       总成本、销售税金及附加
              ↑ 减去
          品牌产品销售收入
```

图 5-6 品牌获利能力计算流程

资料来源：笔者绘制。

5.5.5 确定品牌获利潜力

确定品牌获利潜力的主要途径是通过专家或专业机构分析和市场调查，并对分析和调查结果进行量化处理。这部分评估所需数据，主要来自企业历史记录资料、市场调查和消费者问卷调查。品牌获利潜力是通过品牌强度反映的，先分析品牌强度评估要素，然后，建立品牌强度与品牌获利潜力之间的关系，最后，计算品牌获利潜力的量化数值。

5.5.5.1 品牌强度评估要素内容

本书对品牌强度评估要素的内容，从企业视角、市场视角、消费者视角进行了分类，品牌强度评估要素结构，如图 5-7 所示。

1. 企业视角

第一，可持续发展能力。本要素评估企业品牌资产优势是否可以持续发展，主要从企业品牌产品销售收入增长率和企业研发能力两个方面考虑。

$$品牌产品销售收入增长率 =（当年品牌产品销售收入 - 上年品牌产品销售收入）\div 上年品牌产品销售收入 \times 100\% \quad (5.12)$$

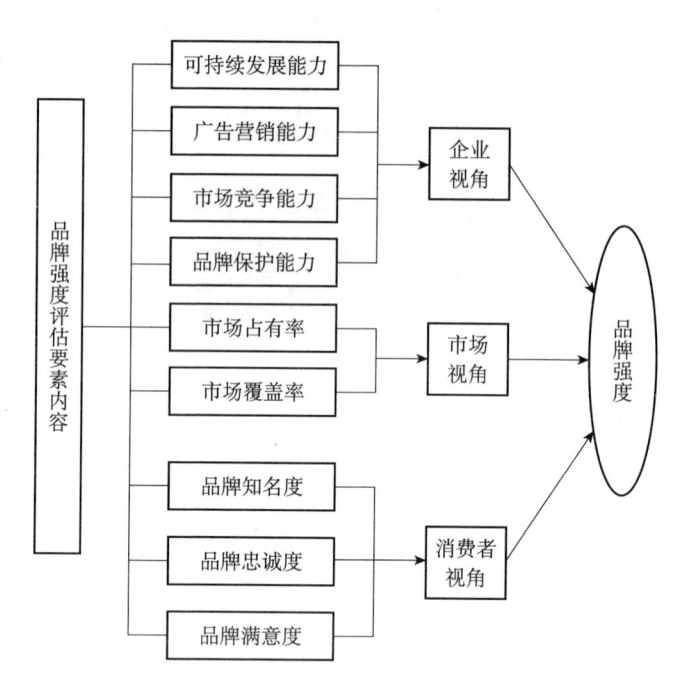

图 5-7　品牌强度评估要素结构

资料来源：笔者绘制。

企业具有创新性和一定的技术研发实力，将有利于企业可持续发展能力的提高，不重视研发的企业其市场竞争优势不会保持长久。所以，有必要研究企业研发能力，该指标是品牌研发投入占品牌产品销售收入的比重，计算公式为：

$$企业研发能力 = 品牌研发投入 \div 品牌产品销售收入 \times 100\% \quad (5.13)$$

在可持续发展能力要素评估中，品牌产品销售收入增长率和企业研发能力两项指标的权重为：在高科技行业是 6∶4，在一般行业是 8∶2。之所以这样设定权重比率，主要是考虑了行业差异性；（1）目前，中国企业的实际情况是大部分企业存在研发投入不足；（2）在非高科技行业中，品牌效应明显，企业品牌的发展是靠品牌的规模和品牌的扩展，而不是通过技术革新，这类行业中产品的差异不大且技术含量不高；（3）企业研发投入高的行业主要集中在高科技行业。例如，汽车、医药、通信产品行业。

第二，广告营销能力。企业开展广告营销，将有利于塑造品牌形象，促进企业长期稳定的销售增长。目前，在中国，广告营销是品牌创建和维护的重要策略之一。广告营销能力对品牌效应明显的行业尤其重要。计算公式为：

$$广告营销能力 = 品牌广告营销投入 \div 品牌产品销售收入 \times 100\% \tag{5.14}$$

第三，市场竞争能力。该评估因素主要用来衡量品牌产品目前的市场竞争能力和未来的市场竞争能力，并重点考虑未来的市场竞争能力及其变化。该指标的评估要点：一是企业品牌产生所面临的潜在竞争对手的发展势头，是否威胁到企业自身品牌目前的地位；二是企业品牌优势在未来是在逐步缩小还是有望扩大。

在具体设定该指标的权重时要注意行业差异，高新技术行业的市场竞争能力评估要素的权重要低于传统行业的市场竞争能力评估要素的权重。该指标主要通过企业资料和市场调查，由专家打分完成，本评估要素打分成绩满分是10分，具体评估分值档次由专家根据评估实际情况、评估行业背景等因素设定。

第四，品牌保护能力。品牌保护能力主要体现了企业科技实力，即该品牌拥有的专利越多，则说明该企业的科技实力越强；另外，通过企业申请保护专利的做法，体现了企业维护自身品牌资产的决心和信心。品牌保护能力是一项重要的品牌资产评估要素。该指标的评估要点是：一是该品牌拥有的专利、商标、商业秘密等具体情况；二是该品牌产品是否容易受到侵犯。该指标主要通过企业资料和市场调查，由专家打分完成，本评估因素打分成绩满分是5分，具体评估分值档次由专家根据评估实际情况、评估行业背景等因素设定。

2. 市场视角

第一，市场占有率。市场占有率是品牌开拓市场、占据市场能力的重要体现。市场占有率表示品牌在市场中所占的份额，反映对市场的影响和控制程度，直接体现了企业在市场中的地位关系。品牌产品获取的利润取决于市场需求，更主要的取决于品牌产品在市场上占有多大份额。市场占有率是指，品牌产品的销售额（量）占市场同行业产品的销售额（量）比率。计算公式为：

$$市场占有率 = 品牌产品销售量（销售额）\div 行业产品销售量（销售额）\times 100\% \tag{5.15}$$

第二，市场覆盖率。市场覆盖率可以分地区（东北、华北、华中、西北、西南）来统计，也可通过全国范围内覆盖的卖场数量或商场数量来统计。品牌市场覆盖率的高低，可以反映该品牌的整体实力。该类指标都是市场营销中最常用的指标，很多行业研究中心和各行业协会近年来都有统计，随着经济信息化的发展，可以较容易地获取这些统计数据。同时，在国际市场上销售产品的企业，也应考虑企业品牌在国际市场上的状况，这是对市场覆盖率评估的有利因素。

3. 消费者视角

第一，品牌知名度。品牌知名度是引起消费者购买的基础，是指在一定范围和时间里，该品牌被消费者知晓的程度。对某个特定的品牌来说，品牌知名度反映了消费者总体中有多少消费者或占多大比例的消费者知晓它。品牌知名度是品牌认知的基础和起点，它反映的是品牌的影响范围或影响广度。品牌知名度高说明消费者熟悉这一品牌，代表着某种承诺，可以促使消费者更快地记住品牌的信息，同时，会引发消费者"品质有保证，对消费者负责任"的感觉与判断。具有高品牌知名度的产品，容易成为消费者购买的候选品牌。

品牌知名度与所属企业发展历史、稳定的市场份额、多渠道的宣传有很大关联度。一般而言，处于成熟、稳定市场环境下的品牌产品知名度要高于刚参与市场竞争的品牌产品。该指标主要根据消费者调查及专家打分完成，本评估因素打分成绩满分是 10 分，具体评估分值档次由专家根据评估实际情况、评估行业背景等因素设定。

第二，品牌忠诚度。品牌忠诚度是指，消费者受到品牌宣传和自身消费经验的影响，在其消费活动中对该品牌产品进行重复购买，消费者对其他品牌产品产生排斥，购买其他品牌的可能性很小，由此消费者成为该品牌产品的忠实用户。品牌忠诚度的实现，是企业品牌目标的最佳状态。

品牌忠诚度反映了品牌消费者对该品牌忠实程度的高低。一般来说，忠诚度越高的品牌，未来的市场表现和财务表现就越稳定。该指标的评估可通过市场调查，然后根据以下两个指标计算，顾客保有率和重复购买率。

顾客保有率是指，在一定时期内，期末"老顾客"的数量占期初顾客数量的百分比，其计算公式为：

$$顾客保有率 = (期初顾客数 + 当期新增顾客数 - 期末顾客数) \div 期初顾客数 \times 100\% \quad (5.16)$$

重复购买率是指，在一定时期内重复购买的顾客的比例，其计算公式为：

$$重复购买率 = 重复购买的顾客数量 / 所有购买的顾客数量 \times 100\% \quad (5.17)$$

在品牌忠诚度要素评估中，顾客保有率和重复购买率两个指标的权重比率是5:5。

第三，品牌满意度。品牌满意度是指，消费者对品牌产品的满意程度。该指标反映总体消费者对各个品牌产品的评价，可通过该指标表现出消费者对品牌的质量感知程度。品牌满意度包含两层含义：一是品牌代表的产品为消费者所喜爱，消费者对该品牌产品是满意的；二是品牌产品传递的审美情趣和文化品位被消费者接受，消费者对其也是满意的。品牌产品本身赢得了消费者普遍的喜爱，自然就提升了品牌满意度。该指标主要根据消费者调查及专家打分完成，主要考虑在调查总人数中认为某品牌是同类最好品牌的消费者所占比例。本评估因素打分成绩满分是10分，具体评估分值档次由专家根据评估实际情况、评估行业背景等因素设定。

5.5.5.2　品牌强度评估要素权重设置

品牌强度评估要素权重的设置，要结合中国目前企业品牌的实际情况，针对不同行业的特点，可对各评估要素的权重进行适当调整，力求计算结果的合理性。在确定各个品牌强度评估要素的权重时，主要使用的方法为，专家调查法、市场调查法、企业财务数据量化分析。各个品牌强度评估要素权重的累计数为100。本书在结合上述讨论的基础上，对传统行业品牌和高科技行业品牌赋予了不同的品牌强度评估要素权重。具体数据，如表5-2所示。

表 5-2　　　　　　　品牌强度评估要素权重分配

品牌强度评估因素	品牌强度评估要素权重	
	传统行业品牌	高科技行业品牌
可持续发展能力	10	20
广告营销能力	15	10
市场竞争能力	15	10
品牌保护能力	5	10
市场占有率	15	20
市场覆盖率	10	15
品牌知名度	10	5
品牌忠诚度	10	5
品牌满意度	10	5
总计	100	100

资料来源：笔者绘制。

5.5.5.3　品牌强度评估要素与品牌获利潜力的关系

为了将品牌强度评估要素与品牌获利潜力联系起来，本书设计了品牌强度评估要素行业排名和品牌获利潜力坐标图。品牌获利潜力指标考察了品牌的预测获利年限，通过该指标可以反映品牌实现其获利能力的时间长短和概率大小。本书同意国际品牌集团公司方法的论点，该方法根据产品生命周期理论，设定品牌的最大合理使用年限为 20 年，最低合理使用年限为 6 年。所以，本书将品牌获利潜力应取的数值，界定在 6~20。

根据中国目前行业的实际情况，做如下前提假设：一个行业中排行前 100 名的企业的收益总值占该行业的绝大部分，其他企业收益仅占很小的部分。通过对图 5-8 的分析，可将品牌强度各影响因素指标的行业排名按照比例原理换算到 6~20 区间内。

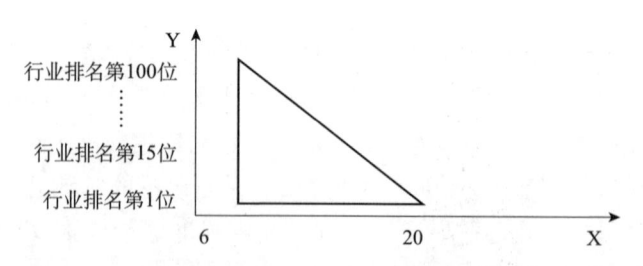

图 5-8　品牌强度评估要素行业排名和品牌获利潜力坐标图

Y 表示品牌强度评估要素行业排名；

X 表示品牌获利能力。

根据图 5-10，可将品牌强度评估要素行业排名转化为品牌获利潜力，换算为式（5.18）：

$$(20 - X) / (20 - 6) = Y/100 \quad (5.18)$$

在式（5.18）中，Y 表示品牌强度某一评估要素在行业 100 强中的排名；X 表示品牌强度某一评估要素对应的品牌获利潜力。

例如，A 品牌强度某一评估要素在行业 100 强中排名 15，求 A 品牌强度与该评估要素对应的品牌获利潜力 X，如图 5-10 所示，代入式（5.19），可计算求得：

$$X = 20 - [15 \div 100 \times (20 - 6)] = 17.9$$

5.5.5.4 品牌获利潜力计算

品牌获利潜力，可以用式（5.19）计算。

$$品牌获利潜力 = \sum 各个品牌强度评估要素对应的品牌获利潜力 \times 各个品牌强度评估要素权重 \quad (5.19)$$

以此方法确定品牌获利潜力的优点有两点：（1）有利于通过品牌视角进行企业价值管理。该方法需要专业人员根据所掌握的数据资料，判定各品牌强度影响因素在行业中的具体排名，企业在评估过程中能够细化与其他品牌在价值上的差异，有利于企业品牌价值管理工作的进一步进行。（2）充分考虑了行业因素，从多角度考察了被评估品牌在行业中的地位，从而有效地规避了评估方法中的行业差异问题。

第6章 品牌资产增值策略

6.1 品牌广告优化

品牌传播能力对品牌资产影响度较大，而广告是品牌传播能力最核心的细分指标，同时，广告影响很多其他细分能力的提升。因此，广告是建设品牌资产的重要手段。品牌广告策略主要包括两方面的内容：第一，品牌广告诉求内容策略，主要讨论如何从广告内容诉求方面进行改进，以提高广告的效果。在品牌生命周期的每一个阶段，广告应该有其侧重的诉求点，随着品牌的成长这些诉求点应适当变化。第二，品牌广告媒体结构优化，主要讨论如何找到广告媒体费用分配方法，以协调广告费用在各个媒介之间的分配。

6.1.1 基于品牌生命周期的广告诉求优化

在品牌成长过程中面临着很多风险，为了更好地建设品牌，我们要解决以下问题，广告的诉求点应该包括哪些内容，这些诉求点应如何变化。笔者从品牌生命周期角度，采用R—P网络图，建立了一个基于品牌生命周期的广告诉求优化模型来解决这些问题。

企业已经进入了品牌竞争时代，每个企业都希望自己的品牌成长、壮大，直到成为名牌。一般来说，品牌的生命周期可分为引入期、成长期、成熟期和衰退期。品牌处于一个复杂、不稳定的环境之中，在其发展过程中充满了机遇和威胁，企业自身形态复杂多变，因此，品牌的生命周期亦呈现出品牌成长周期变短和品牌成长周期不规则的特点。

6.1.1.1 广告诉求优化框架

R—P 网络图是比较科学的,也是人们常用的广告诉求分析工具,本章以 R—P 网络图为基础,结合品牌的生命周期理论来分析品牌的广告诉求问题。R—P 网络图是在 1991 年由美国学者罗斯特等提出的,他们将产品分为"信息的"和"转换的"两大类。对于信息的产品,人们决策时以理性分析思考为主、对于转换的产品则是以情绪、情感作为主要依据。这两大类又分别呈现出"低参与"和"高参与"两种不同水平,即消费者在决策中投入心智的多少。这样,以"信息的"和"转换的"为横坐标,以"低参与"和"高参与"为纵坐标,就组成了一幅 R—P 网络图,如图 6-1 所示。

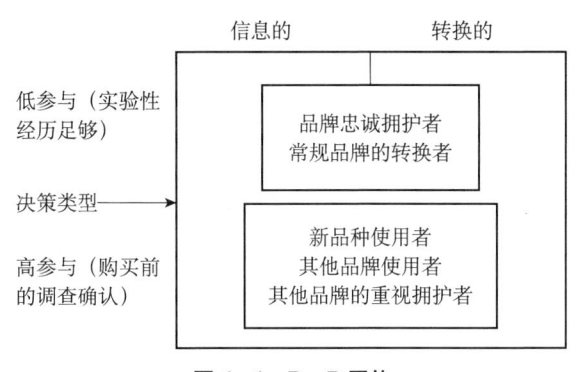

```
              信息的        转换的
低参与(实验性  ┌─────────────────────┐
经历足够)     │  品牌忠诚拥护者      │
              │  常规品牌的转换者    │
决策类型 ──→  ├─────────────────────┤
              │  新品种使用者        │
高参与(购买前 │  其他品牌使用者      │
的调查确认)   │  其他品牌的重视拥护者│
              └─────────────────────┘
```

图 6-1　R—P 网络

资料来源:罗斯特等. 更优的广告计划网络 [J]. 广告学研究,1991-10-11.

在"低参与(实验性经历足够)—信息的"象限中的产品,广告的目标是使消费者产生实验性的购买经历,即引起尝试性购买,这需要抓住关键利益点,诉求要有刺激性。在"低参与(实验性经历足够)—转换的"象限中的产品,广告重在表现某种情感属性,唤起对广告的情感偏爱。在"高参与(购买前的调查确认)—转换的"象限中的产品,广告要创造一种与品牌个性相联系的深刻而牢固的情感,使之成为消费者生活价值观的一部分。

6.1.1.2 品牌成长周期中的广告诉求策略

广告诉求的内容必须是消费者最关注的信息,才有可能吸引消费者进而影响消费者。在品牌的不同成长阶段，消费者对品牌的关注点是不同的。这就要求品牌在不同的成长阶段，其广告诉求应当有所侧重。本章建立品牌生命周期，各个品牌周期的广告策略。

1. 初创期的品牌诉求策略

消费者对初创期的品牌是完全陌生的，品牌的知名度、美誉度都非常低。由于产品的科技含量高，一般购买者对产品原理、性能、技术指标等都不了解，所以，企业产品的信息不对称程度比较高。很多消费者都有一定程度的产品恐惧心理，这样，消费者在选购品牌的时候处在一个高介入度的状态，也就是高参与的状态。

这个时期的品牌广告诉求应该针对消费者所处的"信息的、高参与"的状态，建立品牌知名度，广告诉求应该具备以下四个特点。

（1）包含消费者需要的技术信息。比如，一些生物产品，在品牌初创期，会不厌其烦地宣传产品的原理、功效，也经常通过宣传某些消费者选择了产品之后的效果来说服其他消费者。一些高科技电子产品，在品牌初创期会把广告诉求的重点放在产品的技术优势上，用以打动消费者。

（2）广告形式以告知性广告为主，往往通过宣传技术数据、品牌事实描述来说服消费者。这种告知性广告以理性诉求为主。

（3）广告投放量比较大，往往采用多种广告形式以得到综合效果。在品牌初创期，如果广告宣传力度达不到一定程度，可能会半途而废，为了达到产生效果的广告力度，初创期的广告费用往往比较高。

（4）在品牌初创期，企业自身实力不够强大，资金和品牌都没有优势，因此，在品牌初创期的广告诉求应该尽量集中于品牌的某一种比较优势，不要全面开花。

2. 成长期的品牌诉求策略

经过品牌初创期广告宣传的积累，品牌已经有了一定知名度，消费者具备了对品牌进行判断的基本知识。消费者在选购品牌时投入的心智相对减少，但是，由于品牌自有信息不对称等特征，总的看来，消费者对产品的参与程度依然不高。这时，广告除了进一步提高品牌知名度之外，也要提高品牌的美誉度。

这个时期广告的主要目标是建立品牌偏好，广告诉求应该具备以下三个特点。

（1）在广告活动中，明确地宣传产品的生产厂家、牌号、商标等，尤其是具有超强现代科技含量的高端产品，还必须充分强调所宣传产品的特点、性能和优于同类产品的地方，以激发消费者的注意和兴趣，促成消费者认牌购买。

（2）除告知性广告之外，可以适当加入一些竞争性广告，突出品牌在科技上、质量上、服务上的比较优势。

（3）依然以理性诉求为主，但是要引入一定的感性诉求，以求建立起一种贴近消费者的形象。

3. 成熟期的品牌诉求策略

品牌发展到一定程度之后就进入了成熟期，这时，广告的主要任务就是要建立和维持自己的品牌形象。这个时期，消费者除了关注品牌的科技、质量等物理因素之外，也开始关注品牌的形象、亲和力、档次等情感因素。品牌处于"信息的"和"转换的"两者并重的状态，这个时期广告的主要目标是建立品牌忠诚，广告诉求应具备以下三个特点。

（1）保持品牌形象的一致性，避免广告效果相互抵消。

（2）寻求理性诉求和感性诉求的统一。

（3）实现传达烦琐的技术信息和品牌形象的任务。企业可以充分利用不同广告媒介的特点，在各个广告形式之间进行分工，不同的广告形式各有侧重。在电视广告、户外广告中，可以突出企业品牌、企业文化、企业形象等情感因素；而在一些专业杂志广告、报纸广告、网络广告中，可以详细地介绍品牌的科技含量、技术等信息。通过这种广告组合，实现品牌理性诉求和感性诉求的统一。

4. 成熟后期的品牌诉求策略。由于行业发展迅速，发展空间巨大，在经历了品牌成熟期之后，应该调整品牌战略和广告战略，以求取得进一步发展。广告在品牌成熟后期的主要目标是建立品牌联想，这时的广告诉求应注意以下两点。

（1）保持一定程度的理性诉求，侧重感性诉求。经历了初创期、成长期、成熟期之后，企业的品牌形象已经建立。企业要为以后的品牌延伸做好准备，理性诉求只能局限于某一些技术和某一类产品，对于品牌延伸的作用不会很大，而感性诉求可以帮助企业建立品牌和消费者情感上的联系。这种情感上的联系，脱离了某些技术或者行业上的限制，更有助于企业品牌延伸的成功。

（2）树立企业整体的品牌形象。在品牌成熟后期，广告诉求应该偏重于整体企业形象宣传，进而拓展品牌的使用空间。整体品牌形象除了有助于保持企业的现有竞争优势，还可以为企业的品牌延伸打好基础。

总的来说，品牌广告诉求应该遵循以下三个基本规律。

第一，品牌广告诉求应该侧重于理性诉求。

第二，随着品牌的成长，消费者逐步转变，广告诉求也应该做相应的调整和变化。

第三，随着品牌的成长，消费者的参与程度有所降低，但是与传统品牌相比，消费者对品牌的参与程度更高，品牌广告诉求中应该充分利用消费者的这种高参与度，提供消费者需要的信息。

6.1.2 品牌广告结构优化研究

品牌常用的媒体广告包括电视广告、广播广告、报纸广告、杂志广告、网络广告、户外广告。在进行广告媒体费用分配的时候，企业往往没有足够的历史数据作为参考。大部分企业没有积累足够的历史数据作为下一次广告媒体结构决策的依据。在这种信息不充分的前提下，企业只能依靠现有信息，采用科学的方法做出一个定性的决策。利用模糊综合评价法，可以快速、有效地解决这个问题。

6.2 品牌结构优化

品牌结构优化是品牌资产建设的核心工作，是品牌市场能力和品牌管理能力的基础，并影响到多个细分品牌能力的提升，对于创造品牌资产非常重要。

对于各种企业的品牌结构形式，理论界已经给出了比较充分的界定，虽然在不同的文献中表述不太一致，但基本思想和分类原则大体一致。其中，复旦大学熊凯对品牌结构的总结比较简洁合理，本章选用他的观点对品牌结构做一个概括,见表 6-1。

表 6-1　　　　　　　　　企业的品牌结构形式

品牌结构形式				
单纯企业品牌	企业品牌+产品系列	企业品牌+产品品牌	品牌背书	独立的产品品牌

资料来源:熊凯. 品牌结构战略与战术选择[J]. 商业时代,2004(3):66-69.

表 6-1 的最左端是纯粹的企业品牌,从左向右,企业品牌逐渐转向幕后,消费者面对的逐渐是产品品牌,两者之间是丰富的品牌结构形式。除品牌背书这种结构之外,其他五种品牌结构的含义可以凭字面意思理解。品牌背书是指,产品品牌辅以企业品牌作担保,告诉消费者这个产品是由一个出色的企业生产的。

本章主要从高科技企业生存的环境、高科技企业自身的特点两方面分析高科技企业应当选择什么样的品牌结构,最后,进一步指出几种比较适合高科技企业的品牌结构。

6.2.1　企业的生存环境优化

现代企业的生产环境和传统企业相比有很大不同,集中体现为快速变化的特征。具体来说,企业的生存环境又可以分为社会环境和行业环境。

6.2.1.1　企业的社会环境

(1)社会文化的影响。东方文化注重整体,讲究层级,讲究长幼有序,有一种尊重权威的心理,所以,一个强大的企业品牌可以给消费者权威的感觉,从而赢得消费者的信赖。因此,在东方社会,企业更突出企业品牌。如日本、韩国和中国的大企业多采用企业品牌结构。而西方文化相对来说,更注重个性,独立的产品品牌更能够传达品牌的个性,从而吸引消费者。

(2)技术变革的影响。技术进步对于企业自身来说,往往是一个不可控因素,但却影响企业的许多方面,同时也影响企业的品牌结构选择。相对来说,使用单一的公司品牌更容易适应快速的技术变化环境,更容易高频率和连续地推出新产品。另外,企业品牌在一定程度上可以缓解产更新换代带来的压力。例如，企业的一种产品在质量或者功能上已经不能和新出现的产品相比，但是，企业可以凭借原来建立起来的企业品牌维持这种产品的销售，同时争取到开发新产品的时间，从而在一定程度上避免企业运营的"瓶颈"。而产品品牌因为其针对性太强起不到缓冲的作用。由此，我们便不难理解包括西方国家的企业在内的许多技术先进的企业也像日本企业一样使用企业品牌模式，因为在这些行业内技术发展速度实在太快，很难培育多个独立品牌。

6.2.1.2 企业的行业环境

企业的行业环境有以下两个特征。

（1）行业的竞争激烈程度。行业具有高收益的特征，行业正处在发展期，有很大的上升空间，就吸引越来越多的企业进入。行业的竞争激烈程度是有目共睹的，这就形成了行业高吸引力、高风险、高淘汰率的特征，企业很难有能力建立多个品牌并维持这些品牌的生存和发展。所以，对于竞争激烈的行业来说，企业应该集中力量在某一个领域站稳脚跟，先取得某一个品牌的成功，这个品牌一般来说是企业品牌。

（2）行业的产品差异化程度。对于产品或者服务同质化程度高的行业，行业中各种产品的质量和服务都差不多，这时，企业就需要为产品树立个性以吸引消费者，独立的产品品牌更能突出品牌的个性和特征，因而采用产品品牌主导的结构比较适宜。而企业的产品差异化普遍存在，在产品异质程度很高的环境中，消费者考虑比较多的往往是产品的生产者，往往认为那些实力强大的企业才能够生产出高质量的产品。强大的企业品牌作为企业质量和服务的保证，更容易帮助企业赢得买者的信任。所以，从行业产品差异化程度角度来看，企业仍然比较适合采用企业品牌主导的品牌结构。

6.2.2 企业的自身特征

在分析了企业所处的环境之后，本节将进一步分析企业的自身特征，从而确定企业应该选择什么样的品牌结构。

6.2.2.1 企业的实力

品牌结构的选择和企业自身的实力是分不开的。经济实力弱的企业，特别是在企业的发展初期，先要集中精力做好一种品牌，有条件的可以适当延伸。那些经济实力强、有能力维持多个品牌的企业，如果企业发展需要可以考虑采用多品牌战略。对于实力还不够强大的企业来说，先应集中精力做好一个主导品牌，而这个主导品牌一般就是企业品牌。

6.2.2.2 企业的产品特征

企业的产品有以下四个特征。

（1）产品的生命周期。产品更新换代快，生命周期很短。如果为产品去创建产品品牌，那么，产品品牌会随着产品的消失而消失，这就会消耗企业大量的资源。所以，对于产品生命周期短的企业来说，采用企业品牌导向的品牌结构会比较合适。具体来说，可以采用企业品牌加产品系列或者企业品牌加副品牌，企业品牌是主角，传达企业的技术实力或文化内涵等比较固定的信息，而产品系列或者副品牌则随着产品的更新而不断更新。

（2）产品的价格。企业的高投入、产品的科技含量决定了产品的高价格。因此，购买者在购买时会比较谨慎，更注重产品的质量。企业品牌可以对产品质量起到担保作用，购买者在购买时会更关注生产产品企业的实力。所以，企业宜采用企业品牌导向的品牌结构，以树立一个强大的企业品牌形象赢得购买者的信任。

（3）产品的关联程度。产品的关联程度是指，企业的产品在技术上的相关程度。关联性是用来反映一个产品在多大程度上与原产品具有类似性。如果企业所生产产品的关联程度比较高，那么，这些产品就可以使用相同的品牌（这个品牌一般是企业品牌）。实力弱的企业的产品一般都集中在某一个细分领域，因而产品关联程度会比较高，更注重企业品牌的打造。

（4）企业的产品宽度。产品宽度是指，企业的产品所涉及领域大小，产品宽度影响着品牌结构的选择。企业品牌导向的品牌结构，比较适合产品种类较少的公司；相反，产品品牌导向的品牌结构，则比较适用于产品范围较宽的企业。因为如果对多种产品都采用统一的企业品牌，很容易导致品牌的泛化和稀释。企业一般比传统行业的产品宽度低，所以，采用企业品牌导向的品牌结构比较合适。

6.2.3 结论

从对企业各个方面的分析可以看出，企业处在一个快速变化、竞争激烈的环境中，采用企业品牌导向的品牌结构可以帮助企业适应环境、减少企业面临的风险；实力比较弱的企业，没有能力实施产品品牌导向的多品牌战略；同时，企业产品的众多特点也决定了企业应该偏向于选择企业品牌导向的品牌结构。

具体来说，企业可以采用以下三种品牌结构：

（1）单纯的企业品牌。如韩国的三星，无论是在电脑配件领域，如显示器、软驱，还是台式电脑、笔记本电脑，或者是手机领域，都采用三星品牌。对于很多购买者来说，三星就意味着高质量、高品质、高技术。三星凭借其强大的企业品牌，在许多高科技领域取得了成功。

（2）企业品牌加产品系列。最典型的代表就是微软公司的 Windows 系列，从原来的 Microsoft Windows 95 一直到现在的 Microsoft Windows 10。

（3）企业品牌加副品牌。一些高科技生物医药行业如某某集团，它的产品都是采用企业品牌加副品牌的品牌结构。这种主副结合的品牌结构的主品牌一般采用强大的企业品牌作为产品品质的保证，副品牌则传达产品进一步详细的个性化或者功能性的信息。

总的来说，企业宜采用企业品牌导向的品牌结构。这并不是说，所有企业都要选用企业品牌导向的品牌结构，一些企业由于某个因素的影响特别大或者某些偶然因素的影响，比如，一个实力很强的企业，通过并购其他行业的企业，导致这个企业产品跨度特别大，对这个企业来说，也许采用产品品牌导向的品牌结构更合适。企业在进行品牌结构选择时，在相对突出企业品牌这个原则的前提下，还要根据环境和自身情况，选择一种适合自身的品牌结构。

6.3 加强品牌渠道建设

建设品牌渠道对于提升品牌的市场占有能力、持久发展能力、品牌传播能力、品牌运作能力至关重要。销售渠道是指，商品从生产者传送到用户手中所经过的全过程，以及相应设置的市场销售机构。

品牌面临激烈变化的技术环境和行业竞争，产品到达购买者手中的速度和效率对于品牌的成功影响巨大，因此，品牌更需要合理的渠道策略来整合各种销售渠道和销售措施，以便使企业能够迅速、及时地将产品传递到消费者手中，进而影响顾客对品牌的认知和满意度。所以，基于品牌资产创新增值策略的渠道选择必须考虑如何使产品销售迎合品牌需要，如何通过产品的销售过程塑造品牌的个性，如何顺利实现品牌资产的增值。在确定渠道策略时，必须根据品牌特性、市场状况、目标顾客特点等因素对症下药。品牌可以选择的营销渠道包括以下几种。

6.3.1 经销制渠道

企业由于大多成立时间比较短，没有属于自己的覆盖市场的营销公司，这时可以借助经销商迅速占领市场，而经销商通过经销厂家的产品获得利益。对于产品生命周期呈现出棘轮效应的产品而言，采用经销制分销渠道有利于节约营销广告费用，降低经营资金风险，迅速推广产品。

6.3.2 代理制渠道

代理制渠道指，企业通过委托、代理、代销等形式，与外部独立的销售企业在定价、库存、促销、品牌输出、商品陈列等方面进行协商，通过代理协议建立长期供销合作关系。品牌同样可以通过代理制借助外部资源，快速占领市场。产品具有高附加值的特点，所以，选择代理制品牌具有独特的优势，有利于调动第三方力量，增强各家分销能力。

6.3.3 电子分销渠道模式

网络使得传统渠道的构架及模式发生了翻天覆地的变化,以电子商务为主的电子分销渠道模式正越来越受到商家的青睐。电子分销渠道模式可以减少中间环节、降低中间分销成本,从而节约库存、降低售后服务成本等。

运用品牌制定渠道策略进行渠道管理时,要注意以下四点。

(1) 渠道策略要围绕品牌策略展开,为消费者服务,以提高消费者满意度为主要目标,将重点定位于服务消费者。在此基础上,企业才能将渠道管理与品牌经营进行整合,将品牌经营中的各种策略与实现商品销售的最终环节衔接起来,借助一切力量实现高科技品牌资产增值。

(2) 渠道策略应该从顾客和企业两方面来衡量,一方面,满足消费者的需求;另一方面,为企业创造良好的供应链环境,提高供应链效率,降低成本。

(3) 渠道策略的制定要尽可能避免出现渠道冲突现象,或尽可能降低冲突的影响。品牌容易出现传统渠道和电子渠道冲突的情况,会损害渠道合作伙伴的利润,降低渠道合作伙伴的合作意愿。

(4) 企业具体规划渠道时还要考虑渠道的成本,用战略眼光审视渠道,此外,还应注意竞争对手的渠道策略。

6.4 保持品牌顾客沟通

顾客沟通对于提升品牌的超值获利能力、持久发展能力、品牌定位能力、品牌传播能力有明显的作用,通过提升品牌市场能力和品牌管理能力,促进品牌资产的增值。和广告的单向信息传递不同,顾客沟通是个双向交流的过程。

因为有些产品的科技含量高,一般的消费者对产品的原理、性能、技术指标等都不了解,所以企业产品的信息不对称程度比较高。因此,与消费者充分地沟通可以使其更好地了解、接受品牌。消费者沟通可以分为事前沟通、事中沟通和事后沟通。

6.4.1 事前沟通

既然品牌和消费者之间的信息不对称可能影响品牌的销售，那么，在销售之前，企业应该通过一些方式进行消费者教育，把专业知识传递给潜在的消费者。对于品牌来说，产品体验是最重要的事前沟通方式，通过产品体验，消费者可以学习产品知识、感知产品品质、产生购买兴趣。通过设立体验中心或者其他体验式销售的方式，让顾客亲身体验产品的应用，已经成为很多企业普遍采用的销售模式。

6.4.2 事中沟通

在日益激烈的市场竞争中，为了保证企业的长期稳定发展，越来越多的企业把良好的客户关系看作企业最宝贵的资产。企业要区别不同类型的客户关系及其特征，并经常进行客户关系情况分析，评价客户关系的质量，采取有效措施不断改善和加强客户关系管理，还可以通过建立消费者管理制度和消费者组织等途径，如成立消费者俱乐部为其会员提供各种特制服务。消费者俱乐部的成立可以加强企业与消费者之间的相互了解，培养消费者对企业的忠诚；通过消费者的信息反馈系统，了解消费者需求；通过其会员宣传企业的产品和服务，保持企业与消费者的长期友好关系。

事中沟通的另一个重要任务，是处理好消费者投诉。由于很多产品稳定性不高，因此，产品问题受到消费者投诉的可能性比较大。有调查显示，只要解决得当，投诉的消费者61%会成为回头客。品牌不能就事论事地解决顾客难题，而应将投诉看作是完善企业服务的捷径。消费者抱怨是消费者对企业产品和企业的服务不满的反应，揭示了企业经营管理中的缺陷。消费者抱怨是推动企业发展的动力，也是企业创新的信息源泉。当消费者投诉时，实际上是为企业提供了另一次表现的机会，企业应珍惜这一机会并加以妥善处理。

6.4.3 事后沟通

品牌需要建立消费者档案。消费者档案的主要信息包括，现实消费者和潜在消费者的一般信息，如姓名、地址、电话、电子邮件、个性特点等；交易信息，如曾发生过的订单、退货、投诉、咨询等促销信息，企业对消费者开展了哪些促销活动，效果如何；消费者个性化需求信息，如特殊要求、特殊习惯等。建立了消费者档案后，企业可以通过定期调查，直接测定消费者满意状况。品牌通过事后的顾客沟通，可以加强和消费者的联系，了解消费者的基本情况和进一步需求，这些都是品牌未来决策的重要信息。

6.5 持续品牌技术创新

技术创新能够提高企业的技术水平、超值获利能力和持久发展能力，从而实现品牌的资产增值。

技术创新是指，由技术的新构想经过不断研究和开发到获得实际应用，并产生经济效益、社会效益的商业化过程的活动。社会的不断进步和经济的不断发展，促使技术不断推陈出新。对绝大部分企业来说，可采用的技术创新策略有以下四方面。

（1）加大企业研发资金投入。缺乏研发资金的投入，是制约企业发展的"瓶颈"。一般来说，投入与收益呈正比关系。对于研发资金投入不足的企业来说，一方面，应该积极利用政府对企业有力的扶持政策；另一方面，也要有足够的魄力与长远的眼光，保证充足的研发投入。这样，才能为增强企业的技术创新能力奠定一个良好的基础。

（2）建立良好的技术创新人力资源体系。人才是技术的载体，技术人才在技术创新中扮演着核心的角色，所以，要想取得技术创新，必须能够留住人才，并且激励其发挥最大的潜力，才能取得相应的技术创新成果。良好的人力资源体系必须包括员工的薪资福利计划和员工职业发展规划。

（3）加快企业由模仿创新为主向自主创新为主的转变。自主创新对企业来说至关重要，因为自主创新在超额利润、成本价格、技术垄断和企业品牌等方面都存在领先优势。但是对于后进企业来说，一般采取模仿创新方式。对于技术水平相对落后的企业来说亦是如此。模仿创新主要是指，"消化—吸收—创新"，虽然模仿创新也能取得一定收益，但是并不利于企业品牌的形成。对于模仿创新的企业来说，只有"赶超"才能弥补技术差距产生的劣势。企业应该把模仿创新作为实现自主创新的一个阶段，然后，在技术知识不断积累的基础上实现技术创新从量变到质变的飞跃，从而实现企业自主创新。

（4）加强企业技术创新风险管理。影响技术创新成败的因素有很多，如，政治风险、社会风险、市场风险、技术风险、决策风险等，其中，最为关键的是技术风险。技术风险是指，企业所进行的技术研发由于技术的不确定性所引发的潜在经济损失的可能性。企业高投入，要想高回报，必然伴随着高风险。每年都有因技术研发失败而破产的企业，因此，企业一定要具备良好的风险管理体系。风险管理体系主要包括，技术研发的可行性分析。可行性分析一定要实事求是，要尊重科学的数据，进行理性决策，绝不可以勉强。风险预警机制是指，设置技术研发的成本、进度、质量等一系列参数，加强对风险的预测、识别和预警，建立有效的风险控制机制。对于已经识别到的风险能够及时采取回避、转移及分散等措施，以最大限度地分散风险、降低风险。

6.6　加大品牌保护力度

品牌技术含量高、存在时间普遍比较短，部分行业还不够规范，以至于品牌的专有技术和商标容易受到侵害，因此，品牌保护对于提升品牌的超值创利能力、持久发展能力和品牌传播能力非常重要。品牌保护主要包括，品牌技术保护和品牌商标保护。

6.6.1　品牌技术保护

国内除了少数企业对知识产权有比较系统、规范的管理外，多数企业还没有从战略上进行规划，关注的仍是有形资产的管理。没有知识产权战略，就不能保证科研开发的各个环节，包括选项、立项、专利申请规模、专利保护措施的顺利实施，由于产权制度不健全，专利技术得不到有力保护，技术被盗用现象普遍，制约了企业进行技术创新的动力。

目前，中国品牌技术保护容易发生的问题主要表现在：一是知识产权得不到法律的有效保护，侵权现象屡见不鲜，严重地挫伤了企业技术创新的积极性；二是假冒伪劣商品不能得到有效抑制，许多创新产品因假冒而丧失其应有的吸引力，最终不得不退出市场；三是很容易导致陷入专利"陷阱"与"雷区"，侵犯了别人的专利权，不仅要支付高额赔偿，甚至导致企业破产。

为了保护和促进中国品牌的发展，需要建立完善的专利申请制度和专利保护制度，严厉打击各种侵权行为。国外的很多企业已经制定了行业标准，面对国外企业的技术垄断，国内企业一方面，需要加大自主创新力度，争夺制定行业标准的话语权；另一方面，需要借助政府和行业协会的力量，避免落入国外企业的专利陷阱。

6.6.2　品牌商标保护

品牌商标注册需要具有防御性，注册时最好覆盖类似行业。

6.7　品牌促销

促销是建设品牌必不可少的手段，品牌促销可以提升品牌的市场占有能力、品牌传播能力，从而实现品牌资产的增值，实现其自身价值。

6.7.1 品牌促销的基本功能

品牌促销的基本功能有以下三种。

（1）通过促销宣传，可以使顾客了解品牌，引起顾客注意，激发其购买欲望，为扩大销售做好舆论准备。

（2）在激烈的市场竞争中，企业通过促销活动，能够提高产品和企业的知名度，同时，增加顾客对品牌的了解，增强顾客对品牌的信任感。

（3）在品牌上市之后，顾客对它的性能、用途、作用、特点并不了解，通过促销沟通，引起顾客兴趣，诱导需求，并创造新的需求，从而为新产品打开市场，建立声誉。

6.7.2 品牌基本的促销方式

6.7.2.1 价格促销

品牌为了吸引顾客，经常采用零价格的方式打开市场。一些生物企业往往提供免费试用产品。一些提供网络服务的高科技企业更是经常提供免费的产品，等使用者产生了产品依赖之后，才开始收费。

品牌的一个很大特点是，购买者因为对产品技术、机理不了解，导致对产品没有一个准确的估价。这样一来，品牌在制定价格促销策略时，必须以顾客为中心，深入地了解价格促销对顾客的作用机制，了解顾客如何评价价格促销所提供的交易机会的价值，这样，才可能针对顾客心理制定有效的价格促销方案，达到促销目标。

6.7.2.2 公关活动促销

公关促销策略是指，企业通过开展某些有效的活动，改善和密切企业与公众的关系，在用户和消费者心目中树立良好的企业形象，建立良好的声誉，扩大企业知名度，进而扩大产品市场占有率。

公关活动在帮助品牌设计形象、制定市场推广计划、全方位地改善公司形象、培育市场并帮助企业在新的领域中树立领导者形象和处理危机方面发挥着重要作用。很多企业都在利用新闻报道、发布会、专访、赞助等形式的公关活动来传播企业信息、树立企业的良好形象。

品牌公关活动不能只是沿用普遍采用的手段或是简单模仿，这样做非但不能充分引起消费者的注意，甚至是替竞争对手变相做了广告。公关活动必须使企业在市场中显得与众不同。

6.7.2.3 提供附加价值促销

品牌的附加价值促销主要包括，抽奖、随货赠品、折价券、免费样品、退款优惠、免费维修服务等。

品牌在选择进行促销的附加价值时，要充分考虑购买者的需求。随着研究的发展，人们总结出以下几种促销措施：节约支出、品质体验、方便性利益、自我价值体现、探险、娱乐性利益。品牌在制定促销价值时，要充分分析促销对象的需求，有针对性地提供促销附加价值。例如，很多电子信息产品提供免费内存卡，就是针对顾客购买的便利性制定的促销附加价值。

6.8 品牌质量管理

品牌质量对于市场占有能力、持久发展能力、技术创新能力意义重大。对于企业来说，质量就是企业的生命。企业的技术创新为的就是生产高质量的产品满足消费者，形成自己的品牌文化。从这个层面上说，产品质量是品牌的核心，企业的质量管理是企业品牌战略的基础。

质量管理经历了质量检验阶段、统计质量控制阶段和全面质量管理阶段。质量管理始于美国，在日本得到了最广泛的发展。全面质量管理是为了能在最经济的水平上，充分考虑满足顾客要求而进行市场研究、设计、生产和服务，把企业各部门的研制质量、维持质量和提高质量的活动构成一体的有效体系。ISO 9000 标准的发布，是全面质量管理阶段的标志。由此可见，实施全面质量管理对于企业至关重要。以最低的成本生产让顾客满意的产品，表明全面质量管理已经能够使企业做到生产满足消费者需求的物美价廉的产品，也体现出了全面质量管理是一种管理哲学的理念。

不仅如此，全面质量管理还受到不断改变的顾客需求与顾客期望的驱动，还代表着企业积极参与社会各项事务，勇于承担企业应担负的社会责任和社会义务。虽然这个结果会为企业带来经济损失，但却在一定程度上提高了企业的品牌信誉度。

企业的质量管理对企业的品牌有很大影响，而且两者之间具有很强的正相关关系。先进的质量管理体系能够使企业不断生产出令顾客满意的产品，从而不断地提升企业品牌的影响力，实现企业品牌的持续发展。

6.9 品牌危机管理

6.9.1 品牌危机的周期及特征

6.9.1.1 品牌危机的周期

品牌危机大致分为三个阶段，如图 6-3 所示。

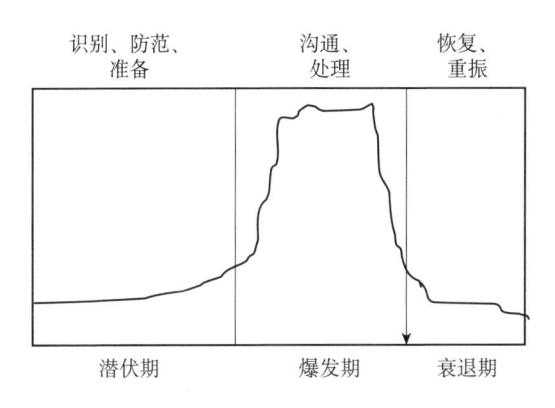

图 6-3 品牌危机周期示意

资料来源：笔者绘制。

1. 品牌危机潜伏期

根据潜伏期的存在与否，我们可以把品牌危机划分为两类——潜伏性品牌危机与突发性品牌危机。

在潜伏性品牌危机中，企业可以从内部利益相关者、外部利益相关者、社会舆论、媒体感受到品牌危机的征兆信号。如顾客对产品质量问题投诉的增多、产品质量下降、媒体对企业形象的负面报道增多等。对于这类危机，在其潜伏阶段，只要我们充分留意，就会观测到某些信号——这些信号相互确认并相互强化，预示着某种可能发展为品牌危机的事态。这是品牌危机潜伏期给企业品牌危机管理人员的一次化解危机的机会，但遗憾的是，这些信号却往往未能引起品牌管理人员的足够重视，甚至被有意地忽视了。

而在突发性品牌危机中，企业则很少能收到征兆信号，这就意味着品牌危机越过潜伏期了，以致突发性品牌危机更加难以管理。

2. 品牌危机爆发期

"冰冻三尺，非一日之寒"，在品牌危机潜伏期内，随着品牌危机因素的增加，而企业品牌危机管理人员不能及时发现和处理，当这种因素积累到一定量的时候，危机就会突然爆发。在该阶段中，一般都有重大事件的突然发生，也就是品牌危机的导火索。该事件对企业品牌形象有着较大的影响，更糟糕的是媒体会迅速地报道事件，从而引起社会公众的广泛关注，他们往往会积极搜寻进一步的信息。此时，企业管理者面临突然增加的压力，该压力会促使其采取相应的行动（也可能是逃避），管理者应尽其可能掌握相关信息，进行适当的信息披露，以填补信息真空，尽可能引导舆论导向，掌握主动权。企业管理者必须集聚、分配企业内外部资源，一方面，采取积极措施，迅速回应危机，尽可能维持企业的正常运营；另一方面，进行广泛的媒体沟通，有效地控制信息源，准确无误地向外部利益相关者传递危机信息，从而控制品牌危机的负面影响，赢得社会公众的谅解与支持。

3. 品牌危机衰退期

经过潜伏期与爆发期，品牌危机得到妥善解决，逐渐平息，品牌危机迎来衰退期。至此，媒体热闹但烦人的纠缠终于渐渐平息，社会公众试图淡忘曾经经历过的危机，企业赢得公众同情或鄙弃，企业管理者在闭门思过。

此时，从企业管理视角出发，企业管理者的一个重要任务就是重新规划企业品牌乃至企业整体形象的重振。假如企业重新得到拯救,那么,它的品牌又回到消费者手中。同时,企业管理者的另一个重要任务,就是"吃一堑长一智",注意总结这次品牌危机管理中的得失,提高企业应对类似品牌危机的经验。

6.9.1.2 品牌危机的特征

品牌危机是指,由于企业外部环境的变化或企业品牌运营管理过程中的失误,而对企业品牌形象造成不良影响并在很短的时间内波及社会公众,进而大幅度降低企业品牌价值,甚至危及企业生存。品牌危机具有以下四个特征。

1. 破坏性

品牌危机事件的发生在本质上或事实上会产生一定程度的破坏作用,损害顾客、社会公众的利益,使得公众陷入精神恐慌之中,也可以给社会环境造成极大的破坏,并最终导致社会财富直接或间接的无谓损失。品牌危机会破坏消费者对企业产品品牌的感知、识别、联想与忠诚,也会损害品牌的市场力量,并进而给企业的品牌价值带来损害。从企业财务管理角度来看,品牌危机的危害性可直接地表现为企业财务报表或市场价值的大幅下降或表现为企业品牌信誉乃至企业整体形象的受损(这些更难以计算)。

2. 突发性

企业的品牌危机总是在意想不到、短时间内、没有准备的情况下突然爆发,具有突发性的特征。一旦爆发即造成巨大影响,令人瞩目。它往往迅速成为社会和舆论关注的焦点和热点,一时间成为一般公众街谈巷议的话题,成为新闻媒体追逐报道的内容,成为竞争对手发现破绽的线索等。总之,企业品牌危机一旦发生,就会像一根牵动社会的"神经",迅速引起社会各界的不同反应,令社会各界密切关注。若控制不力或行动迟缓,势必造成无法弥补的后果。管理者们常以"兵贵神速"这一理念来强调品牌危机管理方案的时效性,甚至有些危机管理专家直接指出,危机发生的第一个 24 小时至关重要,如果你未能很快地行动起来,并已准备好把事态告知公众,你就可能被认为有罪,直到你能证明自己是清白的为止。

3. 蔓延性

俗话说："好事不出门，坏事传千里。"现代社会高度发达的信息技术为人们的信息交流提供了多种多样的途径，除了传统的电视、电台、报纸外，移动电话、互联网等新兴通信方式在生活中发挥着越来越重要的作用。而负面消息则更利于传播，影响也更大，这一切使得危机的信息以极快的速度蔓延和传播。

4. 低可见性

企业品牌资产受一系列复杂因素的作用，且每个因素间存在交叉性和系统性的相互影响。品牌危机发生后，危机事件往往成为舆论关注的焦点，大量信息或噪声随之产生，这些信息或噪声在传输过程中受到超负荷信息传递系统的扭曲。品牌危机的低可见性，一方面，容易导致企业产品的顾客、社会公众等对危机事件本身的恐惧感，引起品牌危机效应的扩散；另一方面，也意味着企业管理者往往必须在缺乏充分、准确信息的情况下做出决策，再加上决策时间方面的限制，管理者很难做出果断、正确的决策。

6.9.2 品牌危机管理模式

品牌危机管理是从品牌危机预警防范到危机后重振的全部管理过程。以下，主要以 PP + R + RR 模式进行探讨。

6.9.2.1 防范（prevention）阶段与准备（preparation）阶段

企业如何进行品牌危机的防范，是品牌危机管理的首要任务，也是其第一要旨。它不在于如何处理已出现的危机，而在于如何辨别企业品牌运营过程中哪些因素潜伏着危机。企业全体员工在对待品牌危机上应该具有"忧患意识"，时刻警惕破坏性因素，密切关注有关未来品牌危机的信息，并尽量为潜在的品牌危机做好准备。该阶段包含以下五个过程。

1. 识别品牌危机成因要素，制定危机管理预案

对品牌危机要素的识别，是品牌危机管理的起点。这主要包括以下三个步骤：

第一，识别品牌危机成因要素。企业可采用一些方法，如头脑风暴法、问卷调查法和德尔菲法等对企业面临的潜在品牌危机进行识别。从系统论的角度来看，企业品牌危机可表示为如下的系统分类，如图 6-4 所示。

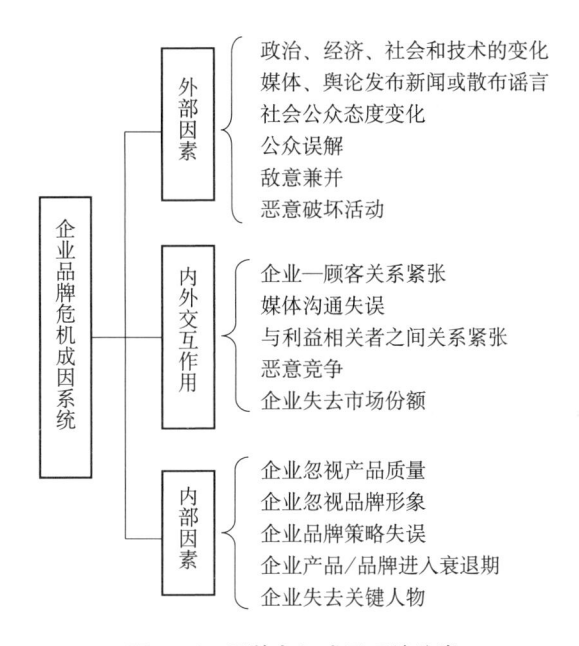

```
                    ┌─ 政治、经济、社会和技术的变化
              外部  │  媒体、舆论发布新闻或散布谣言
              因素 ─┤  社会公众态度变化
                    │  公众误解
                    │  敌意兼并
                    └─ 恶意破坏活动

企业                ┌─ 企业—顾客关系紧张
品牌          内外  │  媒体沟通失误
危机─┼─── 交互 ─┤  与利益相关者之间关系紧张
成因          作用  │  恶意竞争
系统                └─ 企业失去市场份额

                    ┌─ 企业忽视产品质量
              内部  │  企业忽视品牌形象
              因素 ─┤  企业品牌策略失误
                    │  企业产品/品牌进入衰退期
                    └─ 企业失去关键人物
```

图 6-4 品牌危机成因系统分类

资料来源：笔者绘制。

第二，评估品牌危机成因要素。前面进行了企业品牌危机成因系统的分类，我们需要进一步对识别出的品牌危机成因要素进行排序。该排序一般从以下三个方面考虑：由某一品牌危机成因要素导致品牌危机的可能性、影响后果的严重性，以及对该成因要素进行防范与处理所需应对资源的多少。

第三，制定品牌危机管理预案。当企业认为，必须对识别并评估出的若干重要品牌危机成因要素进行管理时，就需针对每一特定品牌危机成因要素制定出科学、合理的品牌危机管理预案，以便为将来的品牌危机防范、准备、应对过程提供指引。只有尽可能完善地为各种品牌危机制定处理计划，才能在品牌危机发生时有条不紊，集中有序。

2. 树立良好品牌形象，提高消费者的品牌忠诚度

经研究发现，企业树立良好的品牌形象，培育与提高消费者的品牌忠诚度是构成企业能否度过品牌危机的一个重要的先决条件。企业能否安然度过其面临的品牌危机的最重要因素之一，就是看其在发生品牌危机时已经建立和积累起来的信誉。信誉对于品牌而言，是指企业品牌值得信赖、有信用、是诚实的、谨慎的、坦率的、可以亲近的、有效率的并成功的。这种屏障保护是企业每天、每周、每月、每年通过与企业主要公众建立起来的信任、忠诚和信用而获得的。它是企业的信誉储备，总有一天会派上用场，特别是在企业品牌危机发生时。

当然，在树立良好品牌形象与提供消费者品牌忠诚度方面，有许多方法可供企业选择，从生产好的产品、制定消费者回馈方案到赞助有价值的活动、致力于公共慈善事业等。

3. 注重品牌创新与品牌开发

当品牌缺乏创新而逐步老化时，企业也会因不能很好地满足消费者变化的需求而引发品牌危机。试想当生产品牌的厂家本身对自己的品牌失去兴趣，不再创新、缺乏广告创意时，消费者对品牌兴味索然也就是很自然的事了。当品牌失去活力、毫无生机，它也就毫无魅力可言，品牌发生危机也就为期不远了。

由于品牌生命周期与产品生命周期相关联，许多品牌可能伴随产品的消长而消长，但品牌与产品毕竟是两个不同的概念，更有许多品牌，产品、经营者换了好几代了，但品牌依旧。这说明，品牌寿命也可以通过不断创新加以延长。也就是说，尽管企业产品的寿命在缩短，但是，企业通过创新却可延长品牌的寿命，重振品牌，使品牌价值得到保值和增值，更好地回避品牌老化带来的品牌危机。

另外，企业也可以通过采用正确的品牌策略弱化品牌危机的影响。如企业可以通过开发多个独立的品牌，从而避免将"鸡蛋放在同一个篮子里"，在很大程度上就可以压缩某一特定品牌危机对企业整体品牌运营及品牌价值带来的负面影响。

4. 唤起"全员危机意识"，加强全员危机训练

当今社会，市场环境、竞争态势瞬息万变。在激烈的市场竞争中，一个企业如果在经营红火时缺乏忧患意识，在顺境时没有身陷逆境的准备，那就意味着困难和危机即将出现。因此，企业的决策者和全体员工要树立危机意识，进行品牌危机教育。只有广大员工真正认识到市场竞争的残酷性，感到危急时刻在他们身边，才能及早防范，将危机消灭在萌芽状态。

另外，企业在灌输危机意识之余，也不应该忽视对员工的相关培训和预案的演练。如果员工不具备应有的应变能力和应急处理的知识、技巧，那么，即使他们有着很强的危机意识，企业有着完善的危机管理预案，在发生危机时，企业品牌危机管理实施的效果肯定也要大打折扣。因此，企业要组建一个品牌危机管理小组，由具有危机处理经验的专业人员负责。并通过规章制度的制定、灌输和执行，以及组织短期培训、专题讲座、知识竞赛等活动，加强对企业员工的危机培训，增强企业员工的应变能力和心理承受能力。

5. 建立有效的品牌危机预警系统及预警指标体系

树立全员危机意识，可以提高企业决策层及全体员工的警惕性，但是，仅有忧患意识是不足以防范危机的。为了有效地防范危机，还必须建立完善的危机预警系统，疏通信息沟通渠道。

信息是品牌危机防范的生命。以科学化、规范化和制度化为标准，建立完整的监测系统，及时、准确地收集相关信息，做到上情下达、下情上达、内通外达、信息交流畅通无阻；此外，建立品牌自检自诊制度，定期或不定期地从不同侧面、不同角度进行检查、剖析和评价，第一时间发现薄弱环节，及时采取措施，减少乃至消除发生危机的诱因。这种自检自诊不是有了问题才检查，而是通过检查以防止问题的发生。加强自检自诊工作，并使其制度化、规范化。

品牌安全预警指标体系是对品牌的安全状况进行监控的参数体系，企业可以通过不定期对品牌安全预警指标的检视来诊断品牌的安全状况。

第一，品牌美誉度与品牌毁誉度。

品牌美誉度是指，褒扬品牌的顾客人数比例，其公式为：品牌美誉度（$X_1\%$）＝褒扬者人数/知晓人数×100%（X_1从1~100）；品牌毁誉度是指，贬抑品牌的顾客人数比例，其公式为：品牌毁誉度（$Y_1\%$）＝贬抑者人数/知晓人数×100%（Y_1从1~100）。$X_1 > 70$，$Y_1 < 5$属于品牌安全线，而$X_1 < 50$，$Y_1 > 10$属于品牌危机预警线。

第二，品牌指名度与品牌负指名度。

品牌指名度是指名购买某品牌产品的顾客人数比例，其公式为：品牌指名度（$X_2\%$）=指名购买者人数/知晓人数×100%（X_2 从 1~100）；品牌负指名度是指名不购买某品牌产品的顾客人数比例，其公式为：品牌负指名度（$Y_2\%$）=指名不购买者人数/知晓人数×100%（Y_2 从 1~100）。$Y_2<2$ 就属于品牌安全线，而 $Y_2>5$ 就属于品牌危机预警线。

第三，品牌满意度与品牌抱怨度。

品牌满意度是指，消费了某品牌的产品后感到满意的顾客人数比例，公式为：品牌满意度（$X_3\%$）=满意人数/消费人数×100%（X_3 从 1~100）；品牌抱怨度是指，消费了某品牌产品后产生抱怨的顾客人数比例，品牌抱怨度（$Y_3\%$）=抱怨人数/消费人数×100%（Y_3 从 1~100）。$X_3>60$，$Y_3<5$ 就属于品牌安全线，而 $X_3<50$，$Y_3>10$ 就属于品牌危机预警线。

由以上分析可以看出，树立良好品牌形象、培育品牌忠诚度、注重品牌创新及品牌开发等方面旨在预防危机的发生，它们是品牌危机预防的第一道防线；对品牌危机成因要素进行识别、评估，制定危机管理预案是品牌危机防范的第二道防线；唤起"全员危机意识"、进行"全员危机培训"、建立危机预警系统及预警指标，则是为品牌危机的出现而做的准备工作，是品牌危机防范的第三道防线。

6.9.2.2 反应（response）阶段

尽管预警防范在先，但再周详的防范也可能会出现遗漏，或者因企业不可控的外部因素而出现恶性事件，品牌危机还有可能会爆发。品牌危机一旦爆发，便会迅速破坏品牌形象，并且使企业出现人心散乱的危险局面。因此，企业必须及时、果断地做出科学而有效的决策，引导舆论，稳定人心，迅速查清品牌危机的原因，抑制危机事件蔓延，缓解紧急情况，避免急迫过程中的盲目性和随意性，防止危机处理过程中出现重复、缺位现象，并最终完满地解决危机，使企业及其品牌尽快从危机中恢复过来，重塑品牌及企业的良好形象。

1. 确认品牌危机，采取紧急行动，控制危机蔓延

对品牌危机发生信号的确认，通常是最富有挑战性的。因为，一方面，正如狄摩西尼（Demosthenes）所说的"没有什么比自我欺骗更容易的了。因为人们渴望什么，就相信什么是真的"；另一方面，忙于应付日常运营的企业，有时会忽略已经拉动的危机警报，或将问题归于错漏。

因此，在寻找品牌危机发生的信息时，管理人员最好能听听企业内外各种人员的看法，并采用基于利益相关者的观点来看问题，与自己的看法相互印证，果断采取措施，尽量把潜伏的危机事件消除在萌芽阶段。

无论如何，在企业面对品牌危机时，恐惧和回避都无济于事，隐瞒和掩盖更是行不通的。企业应正视摆在面前的危机开端，开诚布公的对消费者和社会公众的关注做出合理回应，拒绝和欺骗只会错上加错。正如美国一位专司企业危机咨询业务的专家考林·夏恩（Colin Sean）指出："如果工作中出现过失，你只能面临一个问题，但你如果试图遮盖，那所面临的问题就是两个了。而且，一旦事实真相被披露，谎言可能会比原先的错误更令你为之困扰。"诺曼·R.奥古斯丁（Norman R. Augustine，2002）则给出了正确的策略——"说真话，马上说。"显然，当危机苗头出现时，与其忽视品牌危机甚至漠视品牌危机的出现，不如在品牌危机全面爆发之前将其控制住并迅速平息。

2. 全面调整策略，积极处理危机，弱化危机负面影响

在尽力控制危机的发展之后，接下来，最重要的就是从危机反应状态进入积极处理状态，以求得迅速平息危机，弱化危机的负面影响。此时，企业必须果断地调整管理重心，全面、周详地部署企业的品牌危机应对策略。一般包括以下两个主要方面。

第一，成立品牌危机指挥中心。一旦企业确认品牌危机已经无可挽回地爆发后，企业先应选定一部分职员，如事先选定的危机管理小组人员作为品牌危机紧急状态下的指挥中心，专职从事危机的处理工作。品牌危机处理小组一般由企业的高层管理人员（如首席执行官）、公关人员以及有关部门负责人参加，致力于尽快弄清品牌危机的真相，准确确认品牌危机的性质、范围及其原因，提出解决方案，并领导、协调企业完成两个危机管理任务：一是调动企业内外资源，以处理危机；二是负责内外沟通。

另外，企业应让其他人继续公司的正常运营工作，即在企业危机管理小组与企业运营管理小组之间，应当建立一座"防火墙"，使其尽量减少相互间的干扰。

第二，进行积极、真诚的内部沟通、外部沟通。完美的沟通是指，经过传递之后被接受者感知到的信息与发送者发出的信息完全一致，这在成功的品牌危机管理中是至关重要的。其包括两个方面的内容，内部沟通和外部沟通。

首先，内部沟通。在所有的公众中，员工一般是最复杂和最敏感的。在品牌危机中，员工既可能成为企业最可信的同盟军，也有可能成为极具破坏性的敌对者。因为在品牌危机中，企业要比任何时候都更需要员工作为公司的亲善大使。如果支持企业，他们就更可能保持一种积极的态度，这有助于说服顾客、供应商等产生同感。而妥善对待员工的期望，保持员工的凝聚力，缓和员工中的恐惧感和不安情绪，以及在一个企业内部保持一种兴奋和相互信任的感觉，这些都是需要进行沟通的问题。可见，在危机中员工应该是第一类需要进行沟通的人，内部沟通成为企业危机管理中不可忽视的能力之一。以下，笔者列明在品牌危机过程中，企业进行内部沟通所必须注意的几点，在品牌危机发生后应及时与员工进行沟通；确保所有员工基本上能同时得知所有重要的信息；尽可能多地向员工传达有关信息。

其次，对外沟通。在品牌危机发生后，除了内部沟通以外，还应加强与有关各方的对外沟通，争取外援。其一，要着力获取新闻界的支持。由于新闻媒介在引导社会舆论方面具有重大作用，企业在平时就应加强与它们的沟通，建立信任关系，在危机发生后，更要密切注意新闻媒介的动态，以便掌握主动权。其二，要加强与公众的沟通。如果危机发生后，没有人能出来说些什么，那么，人们就会用想象来填满所有的疑问，谣言听多了也就成了真理。其三，企业要善于借助公正性和权威性的机构来帮助解决危机，而借助专家与政府的力量则是成功解决品牌危机的最具权威的方法。政府的态度往往影响舆论的导向，企业应善于说服政府质量监督等部门，让他们来告诉消费者产品的品质并无问题，或者问题的危害并不是想象得那么大。因此，企业在处理危机时，一方面，要做到谦虚自责，勇于承担责任，始终把社会公众的利益放在首位；另一方面，也要施展一定的技巧。只有这样才能使企业既能控制事态发展，转危为安，又能由此迈上一个新台阶。

6.9.2.3 恢复（recovery）与重振（renewal）阶段

企业在平息品牌危机事件后，即品牌危机进入休眠期时，企业管理者就需要着手于企业的恢复与重振工作。一方面，尽力消除品牌危机的负面影响，将企业的财产、设备、工作流程和人员恢复到正常运营状态；另一方面，则对企业品牌形象与企业自身形象进行重塑与强化，进而求得"企业反弹得比危机前更好"。品牌危机休眠期的"恢复与重振"工作，大致可按以下两方面进行。

1. 测评企业品牌形象，总结品牌危机管理经验

当品牌危机处理告一段落，也是企业退一步反省思考，进行品牌形象测评和总结品牌危机防范与危机处理中的经验教训的时刻——这是企业从品牌危机中"获利"的重要举措。一方面，良好的品牌形象和企业信誉是企业的无形财富，也是企业品牌具有市场竞争力的重要标志。了解品牌危机对其形象、信誉、知名度和美誉度有多大影响等是企业非常关心的重要内容，也是危机平息使企业品牌重新得到顾客承认与认可的重要基础性工作，是重振品牌声誉的重要决策依据；另一方面，要注意从社会效应、经济效应、心理效应和形象效应诸方面，评估此次企业消除品牌危机的有关措施的合理性和有效性，并实事求是地撰写详尽的危机处理报告，为以后处理类似的品牌危机提供依据。同时，认真分析危机事件发生的深刻原因，切实改进工作，从根本上杜绝危机事件的再次发生。

在进行品牌测评过程中，既要调研品牌危机管理效果，又要调研企业品牌运营各环节的协调状况。通过对危机管理反馈效果的调研，可以了解顾客和公众对企业在品牌危机时开展的一系列管理活动中的意见（如顾客与公众对危机管理人员表现的评价等），及时发现企业在品牌危机管理过程中的不合理行为，为进一步强化品牌及企业形象提供决策依据。在调研中，顾客、社会公众、各有关媒体以及危机管理人员等都应被列为调查对象。而通过对企业品牌运营管理过程中各环节协调情况的调研结果进行分析，也有助于企业改善自身品牌管理的技能。如果企业各职能部门能为实现企业目标而协调一致，品牌及企业的整体形象就会在正确的品牌运营下得到提升。相反，若企业内部的各职能部门职责不明、相互推诿，在危机中应对迟缓、杂乱无章，即使企业此次侥幸脱离危险，也不利于日后品牌重振，同时也难免为再度发生危机留下隐患。

可见，正如前文所述，品牌危机管理总结，一方面，要总结企业在品牌危机防范中的失误、遗漏，以及企业在品牌危机处理过程中的疏失及明智之处；另一方面，通过对品牌形象的测评，了解品牌危机对企业形象及其品牌形象造成的不良影响，从而为企业重振品牌提供科学、客观的依据。

2. 恢复正常运营、重振品牌形象

品牌危机导致消费者对企业品牌忠诚度下降，导致企业产品的销售量迅速下降，进而使得危机发生后企业物质流（如原材料、在产品、产成品等）、现金流及信息流与危机发生前正常运营时的情况大相径庭。此时，在品牌危机平息后，企业管理者的一项重要任务就是制定恢复计划，并采取一系列策略性措施，努力将企业的生产经营情况恢复正常，维持生产经营持续性。

但我们知道，企业品牌危机更经常地表现为无形影响——其影响的是消费者与社会公众对企业品牌的认知、联想与忠诚，进而影响企业的品牌价值与企业的市场价值。彻底根除负面影响，是任何一个经历品牌危机企业的共同心愿。然而，即使企业在品牌危机过程中采取积极有效的处理措施，企业的品牌形象和产品销售额也不太可能恢复到危机发生前的水平。因此，企业品牌危机得到解决并进入休眠期后，还远远不是企业品牌危机管理的结束——企业品牌危机管理还要进入重塑品牌形象和振兴品牌形象的阶段。只有当恢复或重新建立企业的良好声誉和美好声望，企业的品牌再度赢得社会公众的理解、支持与合作，品牌危机才谈得上真正转危为安。因此，品牌危机平息后的品牌声誉重建，是危机管理中十分重要的一环。品牌声誉重建主要包括内、外两方面工作内容。

在企业内部，一是要以诚实和坦率的态度安排各种交流活动，以形成企业与其员工之间的上情下达、下情上达、横向连通的双向交流，保证信息畅通无阻，增强企业管理的透明度和员工对企业组织的信任感；二是要以积极、主动的态度，动员企业组织全体员工参与决策，做出企业在新环境中的生存与发展计划，让全体员工形成乌云已经散去，曙光就在前头的新感受；三是要进一步深化全员危机意识，完善企业管理的各项制度和措施，有效地规范组织行为，并为下一次可能出现的品牌危机做好准备。

在企业外部，企业品牌危机重振的整体要求是，企业制定一个有效的形象管理计划，并通过实事求是地兑现承诺（行动）与外部沟通（言语）来改进企业品牌的新形象。首先，应通过对诚实原则的恪守，以此反映企业对完美品牌形象和企业信誉的一贯追求。承诺意味着信心和决心，企业通过品牌诉诸承诺，将企业的信心和决心展现给顾客及社会公众，表示企业将以更大的努力和诚意换取顾客及社会公众对品牌及企业的信任，是企业坚决维护品牌形象和信誉的表现。承诺同时也意味着信任，企业通过诉诸承诺，使人们对品牌的未来有了更大、更高的期待，人们接受了"以后将得到更多"的愿望而信任品牌及企业。其次，企业要吸纳外部利益相关者参与到重振的企业管理中来，让其感到他们在企业危机中是受重视的。最后，要加大对外宣传力度、沟通力度。在危机期间，品牌形象和企业信誉大为减损。在品牌危机平息后，为了重塑、强化品牌形象，企业理应积极、主动地加大宣传力度，让顾客及社会公众感知品牌新形象、体会企业的真诚与可信。例如，与公众保持联络，及时告诉他们危机后的新局面和新进展；或争取拿出一定的过硬的服务项目和产品在社会上公开亮相，从本质上改变公众对企业的不良印象。只有通过宣传等途径，消费者和社会公众才能感知到某一品牌又回来了，它还是一如既往，而且更值得信赖了。可以说，品牌危机平息后的大力宣传，是品牌重获新生并有所提升的不可或缺的条件。

6.9.3 品牌危机管理的措施

品牌的创建、培育和维护是一项系统的管理工程，其中任何一个环节出现危机都会危及品牌安全。市场处处都是陷阱，随着各种未知因素的无常变化，品牌危机形式也会越来越多。因此，企业必须实施专门的品牌危机管理，把维护企业的品牌安全作为企业管理的一项系统工程来抓。

6.9.3.1 树立品牌安全意识

品牌安全意识的缺乏，是最大的品牌危机。任何一个优秀的百年品牌，不可能一蹴而就，其需要科学的管理、踏实的工作、积极的探索，更需要精心的呵护。企业必须要有立足于塑造一个优秀的"百年品牌"的意识，才有可能最终建立一个优秀的百年企业。

因此，企业的领导者必须要有健全的品牌安全理念，正确处理品牌发展与品牌安全的辩证关系；必须认识到品牌危机随时都会发生在企业身上，随时做好充分准备以应付各种品牌安全的突发事件，抓住控制事态发展的主动权，控制品牌危机的影响范围，及时进行补救。

6.9.3.2　建立品牌危机管理机构

没有专门的品牌危机管理机构和管理人员，企业就不可能对品牌危机作出迅速反应、采取及时有效的措施。因此，企业应该组建一个由具有较高专业素质和较高领导职位人士组成的品牌危机管理小组，制定品牌危机预防措施和处理方案，清除品牌危机险情，尽量减小品牌危机对品牌形象和企业形象的损害。

一些大公司早就设立了品牌经理一职专门负责品牌管理，国内企业也应尽快建立品牌经理制，让每一个品牌都由专人专职负责。品牌经理既然是公司内外营销力量的组织调动者，当然就要对他所管理的品牌的产品或产品线的成功与否、安全与否负最终责任。

6.9.3.3　建立品牌危机预警系统及预警指标

品牌危机预警系统是对品牌的创建、培育和维护实施全过程、全方位的监控，并对可能出现的危机预先发出报警的管理系统，也是现代企业必须具备的安全管理系统。包括品牌安全管理信息采集系统、品牌危机管理信息中央处理系统和品牌危机管理快速反应系统。企业通过品牌危机管理预警系统及时收集相关信息并加以分析、研究和处理，全面、准确地预测品牌危机的各种情况、捕捉危机征兆，为处理各种潜在危机制定对策方案，尽可能在危机爆发之前消除危机。预警指标给品牌危机管理者提供了认识品牌危机的定量方法，从而具有可操作性。

6.9.3.4　建立品牌危机自我诊断制度

企业应建立一套品牌危机自我诊断制度，从制度上规定品牌危机管理机构和管理人员经常从不同层面、不同角度对品牌运行状况进行检视和诊断，找出薄弱环节，及时采取措施予以纠正，从根本上减少乃至消除品牌危机发生的诱因，从制度上保障品牌运行的安全。

6.9.3.5 重视危机公关

危机可能在极短的时间内毁坏企业形象，声誉对企业来说是一笔可以无限增值的无形资本，企业由于形象受损而造成的损失及潜在的损失是无法估量的。实践表明，公关策略在所有成功的危机管理中是一个极为重要的因素。在危机发生期间，个人或组织沟通不当通常会恶化危机局面。企业危机必然会引起有关外界民众、媒体、政府以及企业员工一连串的疑问。他们急于知道是什么导致了危机、企业目前的状况、是否涉及自身的利益等问题。这时，对有关方面的问题回答不当，就可能会导致各方面对企业丧失信心、造成经济损失甚至给企业带来长期损害。很显然，快速而有效的危机公关能力是成功而有效的危机管理的重要组成成分。企业在面向公众时，切不可推卸责任、故意回避。企业发言人不能前后矛盾而导致公众不信任，应争取及时、积极的沟通。

参 考 文 献

[1]［美］Aaker D. 等. 品牌管理［M］. 北京：中国人民大学出版社，哈佛商学院出版社，2001.

[2]［美］Bob Hartley，Michael W. Starkey，销售管理与客户关系［M］. 张永等译. 北京：机械工业出版社，2002.

[3]［美］Cartwright R. 掌握顾客关系［M］. 涂顾等译. 西宁：广西师范大学出版社，2001.

[4] 陈洁. 品牌资产价值研究［M］. 北京. 经济科学出版社，2012.

[5] 辞海［M］. 上海辞书出版社，1979.

[6] 丁燕涛. 品牌经营的时代来了［N］. 中国知识产权报，2002年5月31日.

[7] 符国群. Interbreed 品牌评估方法评介［J］. 外国经济与管理，1999（11）：37 - 41.

[8] 符国群. 中、美、新三国消费者对品牌延伸的评价［J］. 经济评论，1995（5）：65 - 69.

[9] F. Reichheld. 忠诚的价值［M］. 常玉田译. 北京：华夏出版社，2001.

[10] 范秀成. 基于顾客的品牌权益测评：品牌联想结构分析法［J］. 南开管理评论，2000（6）：9 - 13.

[11] 范秀成. 品牌权益评估方法［J］. 南开管理评论，2000（1）：9 - 15.

[12] 高松，庄晖. 品牌资产动态模型及增长机理研究［M］. 上海：上海交通大学出版社，2010.

[13] 韩光军. 品牌策划［M］. 北京：经济管理出版社，1997.

[14] 计建，陈小平. 品牌忠诚度行为——情感模型初探［J］. 外国

经济与管理,1999(1):27-30.

[15] [加] Barnes J. G. 著. 客户关系管理成功奥秘——感知客户[M]. 刘祥亚,郭奔宇,王耿译. 北京:机械工业出版社,2002.

[16] [丹麦] 杰斯帕·昆德. 企业精神[M]. 昆明:云南大学出版社,2002.

[17] [美] 理查德·帕斯卡尔,安东尼·阿索斯. 日本企业管理艺术[M]. 北京:中国科学技术翻译出版社,1984.

[18] 李庆华. 基于顾客价值创新的企业战略定位研究[D]. 杭州:浙江大学,2001年.

[19] 刘光明. 企业文化[M]. 北京:经济管理出版社,2001.

[20] 刘启明. 品牌价值的检测[J]. 企业研究,2001(7):19-21.

[21] 卢冰. 企业品牌危机管理研究[D]. 厦门:厦门大学,2002.

[22] 卢泰宏. 品牌资产的评估模型与方法[J]. 中山大学学报(社会科学版),2002(3):33-36.

[23] 卢泰宏,周志民. 基于品牌关系的品牌理论:研究模型及展望[J]. 商业经济与管理,2003(2):1-5.

[24] [美] 迈克尔·茨威尔. 创造基于能力的企业文化[M]. 北京:华夏出版社,2002.

[25] [美] Duncan T,Moriarty S 著. 品牌至尊——利用整合营销创造终极价值[M]. 廖宜怡译. 北京:华夏出版社,2000.

[26] [美] 达里尔·特拉维斯. 品牌情感[M]. 唐菁等译. 北京:新华出版社,2002.

[27] [美] 菲利普·科特勒. 营销管理[M]. 北京:中国人民大学出版社,2001.

[28] [美] 菲利普·科特勒. 营销管理(亚洲版)[M]. 北京:中国人民大学出版社,1997.

[29] [美] Rust R. T.,Zeithaml V. A. and Lemon K. N. 著. 驾驭顾客资产[M]. 张平淡译. 北京:企业管理出版社,2001.

[30] [美] 斯科特·戴维斯. 品牌资产管理[M]. 刘莹等译. 北京:中国财政经济出版社,2006.

[31] [美] 汤姆·邓肯,桑德拉·莫里亚蒂. 品牌至尊——利用整

合营销创造终极价值［M］．廖宜怡译．北京：华夏出版社，2000．

［32］年小山．品牌学［M］．北京：清华大学出版社，2003．

［33］屈云波．品牌营销［M］．北京：企业管理出版社，1996．

［34］［法］让·诺尔·卡菲勒．战略性品牌管理［M］．北京：商务印书馆，2000．

［35］芮明杰等．中国竞争力报告［M］．上海：上海人民出版社，2004．

［36］［美］泰雷斯·E. 迪尔、爱伦·A. 肯尼迪．企业文化［M］．上海：上海科学技术文献出版社，1989．

［37］［美］泰雷斯·E. 笛尔、爱伦·A. 肯尼迪．企业文化：现代企业的精神支柱［M］．上海：上海科技文献出版社，1989．

［38］［美］托马斯·J. 彼得斯、小罗伯特·H. 沃特曼．成功之路［M］．北京：中国对外翻译出版公司，1985．

［39］韦福祥．品牌战略研究［M］．兰州：甘肃文化出版社，2000．

［40］王兴元，王毅，于伟．高科技品牌成长机制及品牌资产增值策略研究［M］．北京：经济科学出版社，2007．

［41］万正峰，刘云华．西方的顾客忠诚研究及实践启示［J］．当代财经，2003（2）：89－92．

［42］［美］威廉·大内. Z 理论：美国企业界如何迎接日本的挑战［M］．北京：中国社科院出版社，1984．

［43］Burleigh B. Gardner, Sidney J. levy. The Product and Brand［J］. Harvard Business Review, 1955（3－4）：33－39.

［44］Charles W. C. Hill, Gareth R. Jones. Strategic Management［M］. Houghton Mifflin Company, 2001.

［45］Christpher H. Lovelock. Services Marketing［M］. The Third Edition. Prentice Hall, 1996.

［46］Cobb Walgren, Ruble and Donthu. Brand equity, brand preference, and purchaseintent［J］. Journal of Advertising, 1995, 24（3）：25－40.

［47］Dacin P. A., D. C. Smith. The Effects of Brand Portfolio Characteristicson Consumer Evaluations of Brand Extensions［J］. Journal of Marketing

Research 3, 1994: 1149 –1158.

[48] David Aaker, Kevin Keller. Consumer's Evaluations of Brand Extension [J]. Journal of Marketing, 1990, 54 (January): 27 –41.

[49] David Allen, Creating Value: The Financial Management of Brands [Z]. London: The Charted Institute of Management Accounts.

[50] DeGraba P., Sullivan M. W. Spillover effects, cost savings, R&D and the use of brand extensions [J]. International Journal of Industrial Organization, 1995, 13: 229 –248.

[51] Edgar H. Schein. Organizational Culture and Leadship [M], Jossey-Bass, Inc. Publishers, 1985.

[52] Frederick F. Reichheld, Thomasteal. The Loyalty Effect [M]. Harvard Business School Pre, 1996.

[53] Fournier S. Consumer and Their Brands: Developing Relationship Theory in Consumer Research [J]. Journal of Consumer Research, 1998 (3): 343 –373.

[54] Henry. Assael. Consumer Behavior and Marketing Action [J]. 6th Edition, South Western College Publishing, 1993.

[55] Jacalyn Sherriton, James L. Stern. Corporate Culture, Team Culture: Removing the Hidden Barriers to Team Success. Corporate Management Developers, 1997.

[56] J. Lannon. Mosaics of Meaning: Anthropology and Marketting [J]. The Journal of Brand Management, 1994 (3): 31 –35.

[57] J. J. Lambin. Strategic [M]. London: McGrawHill, 1993.

[58] Judi Lannon, Peter Cooper. Humanistic Advertising, A Holistic Cultural Perspective [J]. International Journal of Advertising, 1994 (2): 112 –118.

[59] Keller K. Strategic Brand Management [M]. Prentice Hall, 1998.

[60] Keller K. L., Aaker D. A. The Effect of Sequential Introduction of Brand Extensions [J]. Journal of Marketing Research, 1992 (29): 86 –90.

[61] Keller K. L., D. Aaker. The Effects of Sequential Introduction of Brand Extensions [J]. Journal of Marketing Research, 1992, 24 (February): 35 –50.

[62] Lane V., Jacobson R. Stock market reactions to brand extension announcements: The effect so brand attitude and familiarity [J]. Journal of Marketing, 1995, 59 (1): 63 - 77.

[63] Lee Roy Beach. Making the Right Decision: Organizational Culture, Vision and Planning. Prentice Hall, 1993.

[64] Lesliede Chernatong. From Brand Vision to Brand Evaluation. Batterworth Heinemann, 2001.

[65] Low George S., Ronald A. Fullerton. Brands, Brand Management, and the Brand Management System: A Critical Historical Evaluation. Journal of Marketing Research, 1994.

[66] MarcGobe. Emotional Branding. New York, Allworth Press, 2001.

[67] Philip Kotler. Marketing Management (10th) [M]. Prentice HallInc, 2000.

[68] President's Commissionon Industrial Competitiveness, Global Competition: The New Reality, Washington D.C., U.S., Government Printing Office, 1985: 26.

[69] Research International. Equity Engine Manual, 1996.

[70] Smith Robert E., William Swinyard, Attitude Behavior Consistency: The Impact of Product Trialversus Advertising [J]. Journal of Marketing Research, 1983: 20, 257 - 267.

[71] Sunde L., R. J. Brodie. Consumer Evaluations of Brand Extensions: Futher Empirical Evidence [J]. International Journal of Research in Marketing, 1993 (10): 47 - 53.

[72] Tauber E. M. Brand Leverage: Strategy for Growthina Cost—control World. Journal of Advertising Research (August/September), 1988: 26 - 33.

[73] Tauber E. M. Brand franchise extensions: New product benefit from existing brandname [J]. Business Horizions, 1988, 24 (2): 36 - 41.

[74] Thomas O. Jones W. EarlSasser, Jr. Why Satisfied Customers Defect. Harvard Business Review [J], 1995, Novermber - December: 88 - 99.

[75] Wilson L. O., Norton J. A. Optimalentry timing for a product lineextension [J]. Marketing Science, 1989, 8 (1): 1 - 17.